Krisenherde in Afrika

Reihe **Entwicklung und Frieden**

Herausgegeben von der Wissenschaftlichen Kommission
des Katholischen Arbeitskreises für Entwicklung und Frieden

1 Ansprenger: Der Schwarz-Weiß-Konflikt in Afrika
2 Harding/Traeder: Krisenherde in Afrika

LEONHARD HARDING
HEIDE TRAEDER

Krisenherde in Afrika

Mit einer Einleitung von Franz Ansprenger

KAISER · GRÜNEWALD

© 1972 by Chr. Kaiser Verlag, München
ISBN 3 459 00817 2
Matthias-Grünewald-Verlag, Mainz
ISBN 3 7867 0348 5
Umschlag: Kröhl/Offenberg
Gesamtherstellung: Fränkische Gesellschaftsdruckerei, Würzburg

INHALT

Einleitung von Franz Ansprenger 7

Heide Traeder
Viele Biafras? – Integrationskonflikte in Schwarzafrika am Beispiel von Nigeria, Sudan und Kenia 11

   I. Vorbemerkungen 11

  II. Theoretische Vorüberlegungen 11

 III. Die Konflikte als Erbe der Kolonialzeit 15
    1. Nigeria 15
    2. Sudan 16
    3. Kenia 17

 IV. Die Entwicklung nach der Unabhängigkeit 19
    1. Nigeria 19
    2. Sudan 23
    3. Kenia 26

  V. Der internationale Aspekt der Konflikte 28
    1. Nigeria 28
    2. Sudan 30
    3. Kenia 31

 VI. Schlußbetrachtung 31
    Ausgewählte Literatur 33

Leonhard Harding
Die Isolierung der Republik Guinea – Ein Entwicklungsland im Konflikt zwischen Selbstbehauptung und Großmachtinteressen 34

   I. Vorbemerkungen 34

  II. Historische und sozio-ökonomische Daten 35
    1. Guineas Schritt in die Unabhängigkeit 35
    2. Wirtschaftliche Daten zur Entwicklung Guineas 37

III. Die politischen Vorstellungen Sékou Tourés 40
   1. Das Selbstverständnis der guineischen Revolution 40
   2. Innenpolitische Zielsetzungen 41
   3. Wirtschaftspolitische Optionen 44
   4. Sékou Tourés Außenpolitik 45
   5. Die innerafrikanische Politik 49

IV. Guineas Stellung im internationalen System 52
   1. »Kommunistische« Phase: 1958–1961 52
   2. »Amerikanische« Phase: 1962–1965 54
   3. Die radikalisierte Revolution als Schritt in die Isolierung: 1965–1967 54
   4. Die Entwicklung seit 1967 58

V. Politische Analyse und Versuch einer Deutung 61
   1. Fundamentale Widersprüche in Guineas politischem Handeln . . . 61
   2. Latente Abhängigkeit der Außenpolitik von innenpolitischen Vorgängen 63
   3. Persönliche Faktoren 64
   4. Sékou Tourés außenpolitisches Scheitern 64
   5. Strukturelle Ursachen des außenpolitischen Scheiterns 65

VI. Folgerungen für die Bundesrepublik 67

Anhang 69
   Bibliographie 69

Dokumentarischer Anhang 72
   A. Nigeria 72
   B. Sudan 80
   C. Kenia 86
   D. Guinea 94

Einleitung

Im vorliegenden Band sind zwei Studien veröffentlicht, die ursprünglich in ihrer ersten Fassung zusammen mit dem Entwurf eines von mir verfaßten Thesenpapiers über den »Schwarz-Weiß-Konflikt« im südlichen Afrika der Sektion Frieden des Katholischen Arbeitskreises Entwicklung und Frieden vorlagen. Wir hatten damals, im Sommer 1969, die drei Papiere zusammen zur Diskussion gestellt, weil wir von der Überlegung ausgingen – wie schon in meiner Einleitung zur Buchfassung des Arbeitspapiers über den »Schwarz-Weiß-Konflikt« mitgeteilt[1] –, daß sich drei Typen aktueller afrikanischer Krisen unterscheiden lassen, denen im internationalen System gegenwärtig ein hoher objektiver Stellenwert zuzuschreiben ist:

(A) Der Konflikt zwischen »schwarzem« und »weißem« Afrika, d. h. zwischen der Macht weißer Minderheitsregierungen im südlichen Afrika auf der einen Seite, den unabhängigen afrikanischen Staaten und der schwarzen Bevölkerungsmehrheit des südlichen Afrika auf der anderen Seite;
(B) Konflikte, die sich aus Gegensätzen zwischen unabhängigen afrikanischen Staaten ergeben, welche durch die Auflösung der europäischen Kolonialreiche entstanden sind;
(C) Krisen, die sich aus Stammesrivalitäten und Stammeskämpfen innerhalb eines Staates ergeben, die bis zu Sezessionsbestrebungen gehen können.

Die Studie über den »Schwarz-Weiß-Konflikt«, die aus dem erwähnten Thesenpapier hervorging und die im Herbst 1971 als erster Band der Reihe Entwicklung und Frieden erschien, ist mit einem gewissen Interesse aufgenommen, dabei auch mit Kritik von links und von rechts bedacht worden. Während der eine Rezensent eine Analyse der engen Verflechtung zwischen den weißen Minderheitsregierungen des südlichen Afrika und den kapitalistischen Industriemächten Westeuropas und Nordamerikas vermißt, stellt der andere infrage, ob schwarze Afrikaner überhaupt

---

[1] Franz Ansprenger, Der Schwarz-Weiß-Konflikt in Afrika, Kaiser-Verlag, München und Matthias-Grünewald-Verlag, Mainz, 1971.

würdig seien, Nationen und Staaten oder gar die afrikanische Einheit für sich zu beanspruchen. Im allgemeinen überwiegt die sachliche Auseinandersetzung. Selbstverständlich wurde auch bemerkt, daß die von mir angestrebte Unterscheidung zwischen (legitimer) Einwirkung und (illegitimer) Einmischung in den Konflikt in der Studie noch sehr unscharf formuliert ist. Ich habe mich bemüht, in dieser Frage einen Schritt weiterzukommen, als ich Anfang 1972 einem nach West-Berlin einberufenen internationalen wissenschaftlichen Kongreß »Herrschaft und Krise« ein Papier mit dem Titel vorlegte: »Einwirkung und Einmischung – Ein Ansatz zur Normierung von Empirie, am Beispiel der Krise im Südlichen Afrika«. Leider wurde der Kongreß so nachhaltig gestört, daß eine Diskussion des Papiers unterblieb.

Inzwischen ist das Forschungsprojekt der Wissenschaftlichen Kommission, für das meine Darstellung als eine Art Vorstudie diente, angelaufen. Die finanziellen Mittel wurden zum Teil vom Katholischen Arbeitskreis Entwicklung und Frieden, zum Teil von der Deutschen Gesellschaft für Friedens- und Konfliktforschung bewilligt; beiden Institutionen und ihren Geldgebern, d. h. der katholischen Kirche (Verband der Diözesen Deutschlands) und der Bonner Bundesregierung, sind die am Projekt beteiligten Wissenschaftler für diese Förderung zu Dank verpflichtet. Die Forschungsgruppe hofft, in nicht allzuferner Zukunft wesentlich besser fundierte Analysen des Konflikts im südlichen Afrika vorlegen zu können, als meine vorläufige Studie sie bot. Sie hofft dabei auf politische Toleranz, die sich vor allem auch in Auskunftsbereitschaft gegenüber wissenschaftlicher Forschung ausdrückt: von seiten der Regierungen, der Firmen und anderer Organisationen, die in diesem Konflikt Partei sind. Versagte eine Seite diese Toleranz, so müßte das Forschungsergebnis einseitiger ausfallen, als dem Forscherteam lieb wäre.

Der Konflikt im südlichen Afrika ist indessen bei weitem nicht das einzige Problem dieses Erdteils. Es wäre eine unerhörte historische Ausnahme gewesen, wenn die Völker Afrikas unmittelbar nach so einschneidenden Umwälzungen ihrer Lebensbedingungen, wie es die europäische Kolonisation und dann die Entkolonisierung waren, sofort nach innen und außen in ihrer gesellschaftlichen und staatlichen Ordnung zur Ruhe gekommen wären. Vergleicht man das heutige Afrika mit dem europäischen Kontinent kurz nach der Reformation oder nach der Französischen Revolution, mit Eurasien kurz nach der Russischen Revolution von 1917, mit beiden Amerikas kurz nach ihrer Lostrennung von den europäischen Kolonialmächten ab 1776, so fällt Afrika immer noch durch relativ wenig Tumult und

Blutvergießen, durch relativ viel Ordnung und Freiheiten auf. Mit diesem Hinweis sollen die Probleme, Konflikte und Krisenherde in Afrika und ihre Opfer keineswegs verkleinert werden. Man darf nicht wie gebannt auf den einen großen Konflikt im südlichen Afrika starren und die übrigen afrikanischen Krisenherde darüber vergessen oder gar bagatellisieren.

Dem Ziel, die Aufmerksamkeit auf diese anderen Krisenherde zu lenken, dient der vorliegende Band. Die Verfasser haben ihre ersten Arbeitspapiere unter Berücksichtigung der Diskussionen im Katholischen Arbeitskreis und mit anderen Kollegen revidiert und erweitert sowie durch dokumentarische Materialien ergänzt, die sonst in deutscher Sprache schwer zugänglich sind.

Die Studie von *Heide Traeder* behandelt Konflikte und Krisen des Typs (C). Über den Biafra-Krieg sind zwar inzwischen ebenfalls wissenschaftliche Studien und – wichtiger noch – wissenschaftlich edierte Dokumente erschienen[2]. Dennoch erschien es uns richtig, die Biafra-Krise noch einmal im Zusammenhang dieses Bandes zu behandeln. Schließlich hat kein anderes afrikanisches Geschehen die deutsche Öffentlichkeit so lange und so tief bewegt wie der Nigeria-Krieg der Jahre 1967–1970. Zum Glück für die Menschen jenes Landes wurde er offenbar seitdem durch eine Periode rascher und gründlicher Aussöhnung der alten Konfliktparteien abgelöst.

Im Hinblick auf den Konflikttyp (B) wären in erster Linie die Grenzkonflikte klassischen Typs zu nennen, etwa zwischen Äthiopien und Somalia bzw. Kenia und Somalia oder auch Marokko und Algerien. Hierüber gibt es bereits gute wissenschaftliche Untersuchungen[3]. Dagegen sind außenpolitische Spannungen zwischen afrikanischen Staaten, die sich aus

---

[2] Vgl. vor allem A. H. M. Kirk-Greene, Crisis and Conflict in Nigeria; a documentary sourcebook 1966–1970. 2. Bd., London 1971. – Zdenek Červenka, The Nigerian War; history of the war, selected bibliography and documents. Frankfurt/Main 1971, 459 S. (Schriften der Bibliothek f. Zeitgesch. – Weltkriegsbücherei – Stuttgart, Heft 10). – Nigerian Politics and Military Rule: prelude to the civil war. Hrsg. v. S. K. Panter-Brick. London 1970, IX + 276 S. – Ralph Uwechue, Reflections on the Nigerian Civil War; a call for realism. London 1969, 190 S. (auch in deutscher Übersetzung).

[3] Vgl. Inter-State Relations in Africa. Hrsg. v. Dennis Austin u. Hans N. Weiler. Freiburg 1965, 105 S. – I. William Zartmann, International Relations in the New Africa. Englewood Cliffs/USA 1966, 175 S. – African Diplomacy. Hrsg. v. Vernon McKay. New York 1966, 210 S. – Case Studies in African Diplomacy, No. 2 (The Ethiopia-Somalia-Kenya-Dispute 1960–67). Hrsg. v. Catherine Hoskyns. Dar Es Salaam 1969, 91 S. – African Boundary Problems. Hrsg. v. Carl Gösta Widstrand. Uppsala 1969, 202 S. – Resolving Conflict in Africa. Hrsg. v. Leonard W. Doob. New Haven/USA 1970, 209 S.

Meinungsverschiedenheiten über den richtigen Weg zur politischen und wirtschaftlichen Emanzipation ergaben (einschließlich der Krisen funktionaler Staatenverbindungen, die wirtschaftlich weiterhelfen sollten), bisher nicht so ausführlich dargestellt worden. Die zu einem erheblichen Teil außenpolitisch bedingten Erschütterungen in der Republik Guinea, welche Ende 1970 durch den Tod eines westdeutschen Entwicklungshelfers in guineischer Haft, durch die Verurteilung eines weiteren und durch die Austreibung aller anderen Deutschen, die aus der Bundesrepublik nach Guinea gekommen waren, auch der hiesigen Öffentlichkeit bewußt wurden, erschienen uns in diesem Zusammenhang besonders auffällig. Deshalb ist der zweite Beitrag dieses Buches von *Leonhard Harding* Guinea allein gewidmet.

Ich danke den beiden Verfassern für ihre Mühe, trotz zahlreicher anderer Verpflichtungen die Arbeitspapiere aus dem Jahre 1969 so gründlich und unter Verwendung der neuesten erreichbaren Literatur überarbeitet zu haben. *Heide Traeder* gehört als Wissenschaftliche Assistentin zum Stab der Berliner Arbeitsstelle Politik Afrikas; sie wird in Kürze ihre Doktor-Dissertation über das Problem der afrikanischen Einheit während der Kongo-Krise vorlegen. *Leonhard Harding* hat inzwischen mit einer Dissertation über die französische koloniale Religionspolitik in Westafrika (am Beispiel des Soudan, der heutigen Republik Mali) im Fachbereich Geschichtswissenschaften der Freien Universität promoviert.

Berlin, im Februar 1972 *Franz Ansprenger*

Heide Traeder

Viele Biafras?
Integrationskonflikte in Schwarzafrika am Beispiel
von Nigeria, Sudan und Kenia

I. Vorbemerkungen

In der vorliegenden Arbeit sollen drei afrikanische Konflikte dargestellt und analysiert werden, die während der letzten Jahre in mehr oder weniger starkem Maße auch die Öffentlichkeit in den europäischen Ländern bewegt haben. Der Sezessionskrieg zwischen *Nigeria* und *Biafra*, der Krieg zwischen *Süd-* und *Nord-Sudan* und die Spannungen zwischen afrikanischer Mehrheit und asiatischer Minorität in *Kenia* scheinen auf den ersten Blick kaum mehr Gemeinsames zu haben, als daß es sich eben um Konflikte in drei Staaten auf dem afrikanischen Kontinent handelt. Gewiß, man könnte die drei Konflikte vollkommen isoliert voneinander analysieren, und man könnte sicherlich Bücher damit füllen, detailliert die Unterschiede im Entstehen und Ablauf der Konflikte herauszuarbeiten – aber gerade das ist nicht die Absicht dieser Studie. Es soll vielmehr der Versuch unternommen werden, die Auseinandersetzungen in *Nigeria*, *Sudan* und *Kenia* als »typisch afrikanische« Konflikte zu begreifen und darzustellen, d. h. als Konflikte, die trotz jeweiliger unterschiedlicher Ausformung eine Spiegelung der Probleme auch anderer afrikanischer Staaten sind.

II. Theoretische Vorüberlegungen

In seinem 1956 erschienenen Werk »Pan-Africanism or Communism« weist George *Padmore* bereits auf die potentiell desintegrative Funktion von Stammesdenken und Regionalismus für den Bestand der jungen, gerade erst im Entstehen begriffenen afrikanischen Staaten hin[1]. *Padmore* glaubte, diese für das gesamte Schwarzafrika bestehende Gefahr der Zersplitterung und Balkanisierung könne (und müsse) überwunden werden

---

[1] »... Tribalism and regional separatism ... threaten the unity of all young nations...«, a. a. O., p. 181.

durch die Transformation sowohl des am »Stamm« orientierten als auch des am Staatsgebilde orientierten Nationalismus in einen über-tribalen und über-staatlichen, panafrikanischen Nationalismus. Jedoch bereits das Jahr 1960 brachte die Erkenntnis, daß der von *Padmore* beschworene Panafrikanismus und die sich zu dieser Ideologie bekennenden afrikanischen Politiker weder das Auseinanderbrechen des Kongo-Staates verhindern noch den durch die Sezession Katangas entstandenen internationalen Konflikt durch eine »afrikanische« Lösung beenden konnten. Es zeigte sich in aller Deutlichkeit, daß die führenden Politiker Afrikas letztlich Gefangene der kolonialen Vergangenheit und der daraus erwachsenen Probleme der Gegenwart sind. In dem Maße, wie die Konzeption des Panafrikanismus nach der Unabhängigkeit durch unterschiedliche Interpretationen ihre eigentliche integrative Dynamik verlor, wurde sie als Ideologie ersetzt durch einen am Staat – also nicht an der Rasse – orientierten Nationalismus. Da die jungen afrikanischen Staaten aber, anders als die europäischen Staaten, *nicht* das Produkt von Faktoren wie gemeinsame Abstammung, Sprache, Religion usw. sind, sondern das Produkt von kolonialen Interessen und kolonialer Einflußnahme, ist dieser Nationalismus »nicht der Ausdruck eines bestehenden Nationalbewußtseins der Massen, sondern des Willens von Intelligenzgruppen, ein solches einheitliches Nationalbewußtsein, auf der Grundlage des nun einmal bestehenden Staates und seiner sprachlichen und kulturellen Vielfalt zum Trotz, als notwendiges Element des Entwicklungsprozesses zu schaffen«[2].

Warum die von *Löwenthal* als »Intelligenzgruppen« bezeichneten Angehörigen der modernen Eliten[3] ein spezifisches Interesse an der Propagierung des Nationalismus haben, liegt auf der Hand. Aufgrund ihrer modernen Ausbildung, d. h. in diesem Fall europäischen Ausbildung, die sie wiederum zu Führungsrollen im Autoritätssystem des bestehenden Staates prädestiniert, sind diese Gruppen zu einem hohen Grad den auf traditioneller Basis beruhenden ethnischen oder religiösen Gemeinschaften entwachsen – womit aber keineswegs ausgeschlossen ist, daß Angehörige moderner Eliten unter bestimmten Umständen politisches Potential aus der Zugehörigkeit zu einer bestimmten ethnischen Gruppe oder religiösen Gemeinschaft schöpfen.

---

[2] *Löwenthal*, Richard: Staatsfunktionen und Staatsform in den Entwicklungsländern (siehe Literaturverzeichnis), p. 179.
[3] Allen Angehörigen der modernen Eliten ist eine moderne Ausbildung gemeinsam. Ansonsten ist zu unterscheiden zwischen verschiedenen Gruppen: Verwaltungselite, Parteielite, reine Bildungselite (Professoren, Ärzte, etc.), Wirtschaftselite, militärische Elite.

Die Versuchung, diese Möglichkeit zu nutzen, muß sogar als sehr groß angesehen werden, da ein Appell an die Loyalität einer ethnischen oder/ und religiösen Gruppe bei einer Bevölkerung, für die der Stammesverband noch das soziale, wirtschaftliche und politische Bezugssystem darstellt, erfolgversprechender ist als ein Appell an ein noch nicht vorhandenes Nationalbewußtsein. Hieraus ergibt sich die Kombinationsmöglichkeit, daß Politiker, die Nationalismus als Integrationsideologie propagieren, im politischen Machtkampf auf eine Basis zurückgreifen, die integrationshemmend wirkt. Damit aber können Konflikte zwischen Angehörigen der modernen Elite zu erhöhten Stammesrivalitäten führen, deren stärkste Ausformung sich in der Sezession, dem Ausscheiden eines oder mehrerer Stämme (bzw. ethnischer Gruppen) aus dem bestehenden Staatsgebilde manifestiert.

Jedoch nicht nur ein Konflikt innerhalb der modernen Elite kann zur Auflösung des Staates führen, sondern ebenso ein Konflikt zwischen moderner und traditioneller Elite. Dieser latent immer vorhandene Konflikttyp kann vor allem dann zur totalen Desintegration führen, wenn eine der beiden Elitegruppen entweder gar nicht oder aber im eigenen Bewußtsein nicht genügend am gesamtstaatlichen Entscheidungsprozeß beteiligt ist. Verschärfend muß hierbei die Zugehörigkeit der traditionellen Elite zu *einem* und die Zugehörigkeit der modernen Elite zu einem *anderen* Stamm (bzw. einer anderen ethnischen oder religiösen Gruppe) wirken.

Handelt es sich bei diesen zwei Konfliktmustern *primär* um Elitenkonflikte, so sind beide in abgewandelter Form auch *primär* als Basiskonflikte denkbar. Tradierte Stammesrivalitäten können in der Verlängerung von unten nach oben entweder Konflikte innerhalb der modernen Elite auslösen und/oder Konflikte zwischen moderner und traditioneller Elite. Die schärfste Ausformung dieses Konflikttyps ergibt sich, wenn eine ethnische oder religiöse Minorität allein die wirtschaftliche und politische Führung im bestehenden Staatsverband stellt und insgesamt stärker von der sozioökonomischen Entwicklung profitiert und die Majorität bewußt oder unbewußt diskriminiert wird. Im Falle einer Rebellion ergibt sich dann ebenfalls die Gefahr der Auflösung des Staates.

Alle diese Muster beruhen auf der Annahme, daß die verschiedenen angesprochenen Eliten und ethnischen oder religiösen Gruppen nicht *prinzipiell* an einer Sezession interessiert sind. Zwar besteht aufgrund der Heterogenität der Bevölkerung latent immer die Gefahr einer Auflösung des bestehenden Staatsverbandes, aber es bedarf zusätzlicher konkreter Auseinandersetzungen personeller oder sachlicher Art, damit der Schritt zur Sezession getan wird.

Erkennt die Führungsspitze eines Staates die Gefahr der Sezession als solche an, so kann ihr durch integrationsfördernde Maßnahmen[4] entgegengewirkt werden. Als integrationsfördernde Maßnahmen wären beispielsweise die Schaffung nationaler Organisationen und Verbände, territorial ausgewogene Wirtschaftsplanung und Entwicklung, Beteiligung aller Gruppen am gesamtstaatlichen Entscheidungsprozeß etc. zu nennen. Werden sie versäumt, so bleibt die Heterogenität bestehen, und die Gefahr einer Sezession wird nicht kleiner, sondern größer.

Der Faktor der territorial und gruppenmäßig ausgewogenen sozio-ökonomischen Entwicklung erscheint aus zwei Gründen als besonders wichtig: 1. Da sich die Masse der afrikanischen Bevölkerung von der Unabhängigkeit vor allem wirtschaftliche Entwicklung versprach, können Erfolg oder Mißerfolg in diesem Bereich über Bejahung oder Verneinung des Staatsverbandes entscheiden. 2. Da wirtschaftliche Mißerfolge vor allem der Regierung angelastet werden, besteht eine direkte Korrelation zwischen Entwicklung und Stabilität des Herrschaftssystems. Je größer aber die Instabilität dieses Systems ist, desto weniger können Stammesrivalitäten überspielt werden.

Ein bisher noch nicht erwähnter Konflikttyp ist gegeben, wenn eine ethnische Gruppe nicht integrationswillig ist. Diese Möglichkeit besteht, wenn sich eine Gruppe durch besonders stark ausgeprägte Gruppenmerkmale von der übrigen Bevölkerung unterscheidet und aufgrund dieser Spezifika von einem Zusammenleben keine Vorteile, sondern Nachteile erfährt. Im allgemeinen wird es sich hier um eine geschlossene Minoritätengruppe handeln, die Diskriminierung fürchtet oder erlitten hat. Ist die Gruppe zahlenmäßig relativ, d. h. im Verhältnis zur Gesamtbevölkerung klein, so kann sie entweder zwangsabsorbiert oder ausgestoßen oder physisch liquidiert werden – in keinem dieser Fälle droht dem Staat die Auflösung. Ist die Gruppe zahlenmäßig aber relativ groß, so wird sie versuchen, aus dem bestehenden Staatsverband auszuscheiden. Verweigert die Majorität die Anerkennung dieser Möglichkeit, so bleibt nur die gewaltsame Sezession oder die gewaltsame Erhaltung des Staatsverbandes.

Aus diesen Konfliktmustern ergeben sich für die folgende Darstellung der Krisen in *Nigeria, Kenia* und dem *Sudan* bestimmte übergeordnete Untersuchungspunkte, wobei allerdings von vornherein bemerkt werden muß, daß weder die dargelegten Konfliktmuster noch die zu behandelnden Schwerpunkte Anspruch auf Vollständigkeit erheben.

---

[4] Vgl. *Deutsch*, K. W., und *Foltz*, W. J. (Hrsg.): Nation Building (siehe Literaturverzeichnis).

III. Die Konflikte als Erbe der Kolonialzeit

Nigeria, Kenia und der *Sudan* waren, wenn auch mit unterschiedlichem Status, Teile des britischen Weltreiches.

1. Nigeria

Im Jahre 1861 schufen die Briten neben dem Protektorat der *(Palm-) Ölküste* am Golf von *Biafra* die Kolonie *Lagos*. 1906 wurden diese beiden Gebiete zu »Kolonie und Protektorat *Südnigeria*« zusammengefaßt. Der Norden des heutigen *Nigeria* bildete das »Protektorat *Nordnigeria*«. Erst 1914 beschloß das Colonial Office in London die Vereinigung der beiden Protektorate. Das dadurch geschaffene Gebilde umfaßte eine Bevölkerung, die weder über eine gemeinsame Sprache noch über eine gemeinsame Religion noch über gemeinsame oder vergleichbare Sozialstrukturen und Traditionen verfügte. Die wichtigsten Völker (oder Stämme) waren und sind in der Gegenwart: im Norden die *Haussa-Fulani* (Moslems mit einer starren Feudalstruktur), im Südwesten die *Yoruba* (Animisten, Christen und Moslems), im Südosten die *Ibo* (in der Mehrzahl Christen). Neben diesen Volksgruppen leben in allen Regionen zahlreiche Minoritenstämme. Die Briten gaben dem Land zwar ein einheitliches Finanz-, Justiz-[5] und Schulwesen, das jedoch gegenüber den bestehenden Sozialstrukturen ein Fremdkörper blieb. Denn *Nigeria* wurde verwaltet nach dem Prinzip der »Indirect Rule«[6], d. h. mit Hilfe der traditionellen Herrscher, deren Privilegien so wenig wie eben möglich angetastet wurden. Durch diese Politik wurden die bestehenden heterogenen Strukturen nicht abgebaut, sondern konserviert: Man schuf ein Staatsgebilde, keine Nation.

Die *Ibo*, die im Gegensatz zu den *Haussa-Fulani* und *Yoruba* in der vorkolonialen Zeit keine politischen Organisationen oberhalb der Dorfebene kannten, wurden die gelehrigsten Schüler der Kolonialherren und schufen sich eine starke Stellung in der Verwaltung, im Handel und in der Armee[7].
Am wenigsten integriert in diese modernen Bereiche des öffentlichen Lebens wurde die Bevölkerung des Nordens.
Dieser Einstellung an der Basis entsprach die Art der politischen Organi-

---

[5] Im Norden behielten die moslemischen Emire allerdings eine beschränkte Justizhoheit.
[6] Vgl. *Lugard*, F. D.: The dual mandate in British Tropical Africa (siehe Literaturverzeichnis).
[7] In der Kolonialzeit waren die nigerianischen Militärverbände Teil der »*West African Frontier Force*«.

sationen, die geraume Zeit vor 1960 in Nigeria gegründet wurden. Der 1944 von dem Ibo-Führer *Dr. Nnamdi Azikiwe* gegründete *»National Council for Nigeria and the Cameroons« (NCNC)*[8] betonte in seiner Zielsetzung beständig die Notwendigkeit eines »One Nigeria«. Und obwohl die Gefolgschaft *Azikiwes* vor allem aus *Ibo* bestand, gelang es ihm und der von ihm geführten Partei doch, in den Föderationswahlen von 1954 und 1959 zahlreiche Mandate in der Westregion zu erringen. Der Versuch *Azikiwes*, den Tribalismus und Regionalismus mit einer betont national orientierten Partei zu durchbrechen und zu überwinden, scheiterte jedoch. In dem Maße, wie sich bei den Regionalwahlen die *»Action Group«* unter Führung des *Yoruba* Chief *Obafemi Awolowo* und der *»Northern Peoples' Congress«* unter Führung des Sardauna von *Sokoto, Sir Ahmadu Bello*, als Parteien der *Yoruba* bzw. der *Haussa-Fulani* profilierten (und siegten), verlor der *NCNC* seine Anhängerschaft außerhalb der Ostregion und wurde in die Rolle einer Ibo-Partei zurückgedrängt[9]. Als Nigeria 1960 die Unabhängigkeit von Großbritannien erhielt, waren *alle* Parteien im wesentlichen bereits Stammesparteien.

2. Sudan

Nachdem anglo-ägyptische Truppen im Jahre 1898 den Staat des *Mahdi* zerschlagen hatten, wurde der nördliche Teil des heutigen *Sudan* als anglo-ägyptisches Kondominium dem Empire angegliedert[10]. Wie in *Nigeria* so versuchten auch hier die Briten, jede Konfrontation mit den islamischen Notabeln zu vermeiden. London beließ den geistig-weltlichen Führern weitgehend ihre Macht – bis hin zum Verbot jeglicher christlicher Missionstätigkeit.
Die »herrenlosen« Südprovinzen des heutigen *Sudan*[11] mit einer negriden, animistischen Bevölkerung[12] wurden von den Briten nach dem Rückzug der Franzosen aus *Faschoda* (1898) in Besitz genommen. In diesem Gebiet übertrugen die Briten das Schulwesen den christlichen Missionsgesellschaf-

---

[8] Nachdem *West-Kamerun* aufgrund eines dort durchgeführten Volksentscheids an *Kamerun* angegliedert wurde, wurde der *NCNC* 1962 in *»National Convention of Nigerian Citizens«* umbenannt.
[9] Das von Großbritannien übernommene einfache Mehrheitswahlrecht förderte diese Entwicklung.
[10] Wobei das britische Übergewicht unbestritten war.
[11] Es handelt sich um drei Provinzen: *Bahr-el-Grazal, Equatoria, Oberer Nil*.
[12] Die Zeit der Sklavenjagden liegt für die Südsudanesen noch nicht sehr lange zurück.

ten, von denen jede eine territorial abgegrenzte Einflußsphäre zugeteilt bekam. Abgesehen von diesen bescheidenen Erziehungsansätzen der christlichen Missionen[13], wurde für die Entwicklung des Südens nichts getan. Bis in die heutigen Tage blieb die erdrückende Mehrheit der Südsudanesen auf der Stufe der magisch-traditionalen Zugehörigkeitsbestimmung. Diese Politik der britischen Kolonialherren bewirkte nicht nur die Konservierung der gegensätzlichen Strukturen, sondern vertiefte die Unterschiede zwischen Norden und Süden noch, da im Norden in allen Bereichen Arabisch gesprochen wurde, während im Süden als Amtsprache offiziell Englisch eingeführt war. Die zeitweilig geplante Loslösung der Südprovinzen (und Angliederung an die britischen Kolonien Ostafrikas) wurde von den Briten nach dem zweiten Weltkrieg aufgegeben. Da die *Ägypter* den ganzen *Sudan* als ihre Interessenphäre betrachteten und *Großbritannien* mit *Ägypten* zu einem positiven Abkommen bezüglich des *Suez-Kanals* zu kommen wünschte, beschloß die Regierung in London, dem gesamten Gebiet als einheitlichem Staat die Unabhängigkeit zu geben. Jetzt wurden auch einige Versuche gemacht, das Wirtschafts- und Bildungsgefälle zwischen Nord und Süd auszugleichen: Die Missionsschulen wurden unter staatliche Kontrolle gestellt, Arabisch an Mittel- und Oberschulen eingeführt, einige Investitionen in der Wirtschaft vorgenommen. Aber was in fünfzig Jahren versäumt worden war, konnte in so kurzer Zeit nicht nachgeholt werden.
Die – Anfang der fünfziger Jahre gegründeten – beiden mächtigsten Parteien, die *»Nationale Unionspartei« (NUP)* und die *»Volkspartei« (Umma)*, konnten von der Bevölkerung des Südens nicht als »nationale« Parteien akzeptiert werden: Sowohl hinter der *NUP* wie auch hinter der *Umma* standen einflußreiche islamische Bruderschaften. Als der Vorschlag des Südens, dem *Sudan* eine föderative Staatsform zu geben, von den Politikern des Nordens verworfen wurde, kam es 1955 zu den ersten blutigen Auseinandersetzungen[14].

3. Kenia

Wie in *Nigeria* und *Sudan* lassen sich die Wurzeln des Konflikts auch in *Kenia* bis in die frühe Kolonialzeit zurückverfolgen. Anders als in den beiden genannten Staaten aber besteht das politische Problem hier nicht

---

[13] Heute ergibt sich für den gesamten Sudan folgende Verteilung der Religionszugehörigkeit: 70 % Mohammedaner, 25 % Animisten, 5 % (!) Christen.
[14] Vgl. *Frankfurter Rundschau* vom 22. 2. 69, p. 93.

in der Integration einer autochthonen Bevölkerungsgruppe[15], sondern einer »importierten«, andersrassigen Minderheit.

Ein Jahr nachdem die »*Imperial British East Africa Company*« ihre Rechte in *Kenia* an die britische Regierung abgetreten hatte[16], wurde mit dem Bau der Eisenbahn von *Mombassa* nach *Uganda* begonnen[17]. Um dem Mangel an afrikanischen Arbeitskräften abzuhelfen, holten die Briten 32 000 *indische* Arbeiter ins Land. Nach Beendigung der Bauarbeiten wurde den Einwanderern Land entlang der Eisenbahn zur Bebauung gegeben. Andere siedelten sich in den Städten an und spielten sehr bald eine bedeutende Rolle als Händler, Facharbeiter, Rechtsanwälte. Außerdem erkämpften sich die Inder auch alle jene Posten innerhalb des Beamtenapparates, die nicht den Europäern vorbehalten waren. Dieser ökonomischen Mittelstellung entsprach eine politische: Die Inder wurden den europäischen Siedlern gegenüber benachteiligt[18], den Afrikanern gegenüber bevorzugt. Zum Beispiel genossen sie in dem nach dem Prinzip der Rassentrennung aufgebauten Bildungssystem Vorteile gegenüber den Schwarzen. Obwohl die Inder – wie die Afrikaner – in *Kenia* kein homogener Block sind, sondern die Summe vieler Gruppen[19] mit unterschiedlichen Religionen (Hindus, Sikhs, sunnitische und schiitische Mohammedaner, Katholiken und Protestanten), unterschiedlichen Sprachen und unterschiedlicher Herkunft (heutige *Indische Union*, heutiges *Pakistan*, *Goa*), wirkten sie aufgrund ihrer Privilegien auf die Afrikaner als geschlossene Gruppe: Die Rasse war der entscheidende Faktor.

Eine wirkliche Zusammenarbeit zwischen den Asiaten und den Afrikanern hat es in *Kenia* nicht gegeben. Zwar unterstützten die Führer der indischen Minorität z. B. den Wunsch der Afrikaner nach stärkerer Repräsentation im Legislative Council, aber diese temporäre Zusammenarbeit beruhte lediglich auf einer begrenzten Interessenidentität gegenüber den Europäern. Die Inder blieben in *Kenia*, um Geschäfte zu machen; sie identifizierten sich zu keiner Zeit mit den Afrikanern.

---

[15] Die auch in *Kenia* bestehenden Stammesrivalitäten (vor allem zwischen *Kikuyu* und *Luo*) sollen in dieser Studie nicht behandelt werden.
[16] Das Datum der offiziellen Übernahme *Kenias* durch die britische Regierung ist der 15. Juni 1895.
[17] Durch die Eisenbahn wurde eine direkte Verbindung zwischen der Küste und dem Hinterland geschaffen.
[18] Zum Beispiel durften Inder nicht in den fruchtbaren Highlands siedeln. Diese Region war den Weißen vorbehalten.
[19] Vgl. *Ghai*, Dharam P. (Hrsg.): Portrait of a Minority (siehe Literaturverzeichnis), p. 67 ff.

IV. Die Entwicklung nach der Unabhängigkeit

1. Nigeria

Als die Föderation *Nigeria* 1960 die Unabhängigkeit erhielt, schien sie nach außen besser dafür gerüstet zu sein als die meisten der jungen afrikanischen Staaten. *Nigeria*, der volkreichste Staat Afrikas, verfügte über ein parlamentarisches Regierungssystem, organisierte Parteien, Gewerkschaften, eine gut ausgebildete Elite, drei Universitäten und eine hohe Anzahl von Schulen. Auch in ökonomischer Hinsicht sah die Zukunft *Nigerias* erfolgversprechender aus als die vieler anderer Staaten Afrikas. Die Landwirtschaft basierte nicht auf dem Anbau und dem Export nur *eines* Produktes, sondern *Nigeria* war in der Lage, Kaffee, Kakao, Erdnüsse und vor allem Palmöl zu exportieren.

In *Lagos* und anderen Städten entstanden Konsumgüter-Industrien, deren rasches Wachstum durch die Größe des Marktes gefördert wurde. Im Norden wurden Zinn und Kolumbit gewonnen. Bald nach der Erlangung der Unabhängigkeit wurden in der Ostregion reiche Erdöllager entdeckt. Die Bedeutung des Erdölexports für die Gesamtwirtschaft nahm in den folgenden Jahren beständig zu[20]. Neben dem Exporterlös stellten die Royalties eine wichtige Einnahmequelle für die Bundesregierung dar[21]. All diese relativ zahlreichen Pluspunkte konnten jedoch nur kurze Zeit darüber hinwegtäuschen, daß auch das föderative Verfassungssystem nicht imstande war, die bestehenden Gegensätze zwischen Norden und Süden zu überbrücken.

Die drei großen Parteien besaßen in ihren Stammlanden feste Hochburgen und waren tribal-regional orientiert. Da aber die Bedeutung des Bundes nach der Erlangung der Unabhängigkeit zuungunsten der Regionen beständig zunahm, wurde es für die Parteien »immer unerläßlicher, auch im Bund die Regierungsgewalt zu übernehmen, um von dort die Mittel in ihre eigenen Taschen und ihre Regionen fließen zu lassen. Ja, zur Stabilisierung ihrer Macht in den eigenen Regionen – durch die Möglichkeit, dort Jobs, Lizenzen und Kontrakte anbieten zu können – schien die Macht im Bund immer mehr zu einer Voraussetzung zu werden.«[22] Für den Kampf um die Dominanz auf Bundesebene nun hatte der »*Northern Peoples' Congress*« die denkbar beste Ausgangsposition. Denn da die

---

[20] 1965 betrug der Anteil des Erdölexports am Gesamtexport 25 %, ein Jahr später 32 %.
[21] 1966 nahm die Bundesregierung 137 Millionen DM an Royalties ein.
[22] *Hanisch*, Rolf: Bürgerkrieg in Afrika? (siehe Literaturverzeichnis), p. 57.

Wahlkreiszahl proportional zur Bevölkerungszahl festgesetzt wurde, der Norden aber über ein zahlenmäßiges Bevölkerungsübergewicht verfügte[23], war der *NPC* praktisch automatisch die stärkste Partei im Bundesparlament[24]. Bei den der Unabhängigkeit vorausgehenden Wahlen errang der *NPC* 134, der *NCNC* 89, die *AG* 73 von insgesamt 312 zu vergebenden Mandaten[25]. Der *NPC* bildete danach eine Koalition mit dem *NCNC;* der Kandidat der *NPC, Alhaji Abubakar Tafawa Balewa,* wurde Premierminister. Staatsoberhaupt in Vertretung der Königin von England wurde *Dr. Azikiwe.* Die *Action Group* unter Führung *Chief Awolowos* ging in die Bundesopposition. Die erste Verfassungskrise brach 1962 aus, als die Regierungspartei der Westregion, die *AG*, in zwei Gruppen auseinanderbrach. Die sich abspaltende Fraktion nannte sich »*Nigerian National Democratic Party« (NNDP)* und bildete später unter *Chief Akintola* die Regierung in der Westregion[26]. 1964 schloß die *NNDP* ein Wahlbündnis mit dem *NPC*, während sich der *NCNC* mit dem Rest der *AG* und anderen kleineren, progressiven Parteien verband zur »*United Progressive Grand Alliance (UPGA).* Wie das frühere Bündnis zwischen *NPC* und *NCNC* zeigen auch diese neuen Koalitionen, daß zwischen den nigerianischen Parteien keine grundlegenden ideologischen Kontroversen bestanden. Alle bekannten sich zum Sozialismus, der *NPC* zu einem »indigenious socialism«, der *NCNC* zu einem »national socialism«. Aber alle hüteten sich davor, sozialistische Forderungen in die Tat umzusetzen. »Dem standen die eigenen materiellen Interessen sowie die der traditionellen Autoritäten, der Händler und Marktfrauen sowie der in- und ausländischen Geschäftsleute entgegen...«[27]. Auch außenpolitische Fragen waren letztlich nicht kontrovers, so daß Machterringung und Machterhaltung prak-

---

[23] Einwohnerzahl nach der umstrittenen Volkszählung von 1963 (alte Regionen):
Nord: 29 758 875
West: 10 265 846
Ost: 12 394 462
Mittel-West: 2 535 839
Lagos: 665 246

[24] Besonders unsinnig erscheint diese Tatsache, wenn man bedenkt, daß im Norden die Frauen zwar bei der Wahlkreiseinteilung berücksichtigt werden, sie aber – anders als im Süden – kein Wahlrecht besitzen.

[25] Vgl. *Ansprenger,* Franz: Auflösung der Kolonialreiche (siehe Literaturverzeichnis), p. 187.

[26] *Akintola*, hinter dem vor allem einflußreiche Geschäftsleute standen, wollte im Gegensatz zu *Awolowo*, der sich durch eine harte Oppositionspolitik zu profilieren suchte, zu einem kooperativen Agreement mit den Regierungsparteien kommen.

[27] *Hanisch*, a. a. O., p. 57.

tisch die Hauptantriebskraft der nigerianischen Parteien und ihrer Führer darstellten. Jede Partei wollte um jeden Preis auf Bundesebene die Macht an sich reißen. Um dieses Ziel zu erreichen, beschworen die sich erbittert bekämpfenden Politiker immer wieder das Gespenst der Nord- bzw. Süddomination. Auf diese Weise wurde zwar eine weitgehende Politisierung der Bevölkerung erreicht, aber es war eine Politisierung, die im Kern in hochgespielten Stammesrivalitäten bestand.

Unregelmäßigkeiten bei der Volkszählung und Behinderung politischer Kandidaten[28] führten zu einem teilweisen Wahlboykott durch die *UPGA*. Wie nicht anders zu erwarten, errangen die *NPC* (plus *NNDP*) einen überwältigenden Wahlsieg. Im Süden machte die Überzeugung, daß die Verfassung dem Norden immer eine dominierende Stellung geben würde, die Niederlage noch schmerzlicher. Die Spannungen erreichten einen Höhepunkt, als die *NNDP* von der *UPGA* nach den Wahlen in der Westregion (November 1965) des Wahlschwindels bezichtigt wurde. Es kam zu einem ersten Zusammenbruch der öffentlichen Ordnung; in den beiden letzten Monaten des Jahres 1965 wurden schätzungsweise 2000 Personen getötet. Die blutigen Zusammenstöße, die gewollte oder ungewollte Machtlosigkeit der Bundesregierung und die allgemein verbreitete Verärgerung über bekanntgewordene Korruptionsfälle führten in *Nigeria* zum Eingreifen der Armee. Damit lag die entgültige Entscheidung über die Zukunft des Staates nicht mehr in den Händen der zivilen Politiker.

Der Staatsstreich vom 15. Januar 1966, von einer Gruppe junger Offiziere geplant und durchgeführt, wurde in der Folgezeit als ein Versuch der *Ibo* gewertet, sich gewaltsam die Macht in *Nigeria* anzueignen. *Für* diese These spricht die Ermordung zahlreicher Politiker aus dem Westen und dem Norden, unter ihnen *Chief Akintola, Sir Abubakar Tafawa Balewa* und vor allem *Ahmadu Bello*, Sardauna von *Sokoto*[29]. Anderseits sprechen zahlreiche Gründe *gegen* diese These. Zwar waren der Führer des Staatsstreichs, Major *Nzeogwu*, und die Mehrzahl der beteiligten Offiziere *Ibo*, aber dieses Faktum kann mit der Zusammensetzung der gesamten Armee erklärt werden. Von den insgesamt 10 500 Soldaten der nigerianischen Armee waren nur 3000 *Ibo*, 5000 bis 6000 kamen aus dem Norden. Aufgrund des allgemeinen höheren Bildungsstandes in der Ostregion aber stellten die *Ibo* die Mehrzahl der Offiziere und des technischen Personals[30]. Folglich ist auch erklärlich, daß die Mehrzahl der putschenden Offiziere

---

[28] Vgl. *Schwarz*, F. A. O.: Nigeria (siehe Literaturverzeichnis), p. 168 ff.
[29] *Dr. Azikiwe* befand sich zu dieser Zeit im Ausland.
[30] Vgl. *Revue Française d'Etudes Politiques Africaines*, Nr. 30/31, p. 56 ff.

Ibo waren. Zudem bliebe die Teilnahme anderer Offiziere und der Gehorsam der Mannschaften völlig unerklärlich, wenn der Staatsstreich eine *Ibo*-Konspiration gewesen wäre. Gegen die These spricht auch, daß hohe *Ibo*-Offiziere wie Generalmajor *Aguiyi-Ironsi* und Oberstleutnant *Ojukwu*, der spätere Staatschef von *Biafra*, sich nicht den Putschisten anschlossen und gerade dadurch der Staatsstreich praktisch in sich zusammenbrach. Alle diese Gründe und eine Analyse der verfügbaren Reden *Nzeogwus* lassen vielmehr den Schluß zu, daß der Staatstreich das Werk einiger junger Offiziere war, denen ein starkes, geeintes *Nigeria* ohne Korruption und Stammesrivalitäten vorschwebte[31].

Der Januar-Putsch führte zu einem völligen Zusammenbruch der öffentlichen Ordnung in ganz *Nigeria;* sichtbares Zeichen dafür, daß die politische Führungselite am Ende nur noch die Spitze einer im Tribalismus versinkenden Gesellschaft war. In dieser Situation übertrugen die restlichen Mitglieder der Bundesregierung die Regierungsgewalt dem Stabschef der Armee, Generalmajor *Aguiyi-Ironsi (Ibo)*. Der General versuchte Ordnung in das allgemeine Chaos zu bringen, indem er die Verfassung außer Kraft setzte, alle politischen Parteien verbot und für jede Region einen Militärgouverneur einsetzte. Das starre Festhalten der zivilen Politiker am Regionalismus und der Tribalismus der verschiedenen gesellschaftlichen Gruppen, so erklärte *Ironsi* wiederholt[32], seien die Ursache für den Niedergang des vorherigen Regimes gewesen. Die betont »nationale« Einstellung der Militärregierung *Ironsi*[33] aber kam für *Nigeria* um Jahre zu spät. Als am 24. Mai durch das Dekret Nr. 34 der Bundesstatus beseitigt und *Nigeria* in einen zentralistischen Einheitsstaat umgeformt wurde, kam es im Norden zu blutigen Demonstrationen gegen diese Verfügung. Die Bewohner des Nordens, die in der Föderation durch zahlenmäßiges Übergewicht dominiert hatten, sahen in diesem Dekret wiederum einen Schachzug, der den *Ibo* die Vorherrschaft sichern sollte. Der Haß entlud sich in furchtbaren Progromen gegen die im Norden ansässigen Südnigerianer, überwiegend *Ibo*.

Ende Juli meuterten Soldaten aus dem Norden gegen das Regime *Ironsi*.

---

[31] Vgl. *Nwankwo / Ifejika*: The Making of a nation: Biafra (s. Literaturverzeichnis), p. 97.
[32] Vgl. *The Economist*, 12. 2. 1966, p. 592.
[33] Aufgrund bestimmter Gruppenspezifika vertreten Offiziere in Entwicklungsländern im allgemeinen eine »nationale« Politik. Vgl. hierzu: *Pye,* Lucian W.: Armies in the Process of Political Modernization, in: European Journal of Sociology, Jg. 1961, p. 82 ff. sowie: *Bottomore,* T. B.: Elite und Gesellschaft, München 1966.

Ironsi und andere *Ibo*-Offiziere wurden ermordet. Nach einer Zeit der Unruhe erwies sich der damalige Stabschef des Heeres, Oberst *Yakubu Gowon*, ein Christ und Angehöriger eines nördlichen Minderheitenstammes, als der annehmbarste Mann, die Macht zu übernehmen. Wieder kam es zu blutigen Ausschreitungen gegen *Ibo* im Norden. In den *Sabon-Gari* wurden im September 1966 in einer einzigen Woche ca. 30 000 *Ibo* umgebracht. Die überlebenden Südnigerianer flohen in heilloser Panik zurück in die Ostregion. Auch hier ereigneten sich Übergriffe gegen eine aus dem Norden stammende Minorität: auch sie wurde verfolgt, vertrieben, viele getötet. Jedoch erreichten die Ausschreitungen im Osten bei weitem nicht das Ausmaß der Metzeleien im Norden. Im Osten wurde daraufhin immer eindringlicher die Sezession gefordert. Auf verschiedenen Konferenzen mit Vertretern aller Regionen versuchte General *Gowon*, das Auseinanderbrechen des Staates zu verhindern. Im Mai 1967 trafen sich General *Gowon* und Oberst *Ojukwu* (als Vertreter der Ostregion) noch einmal in *Aburi/Ghana*. Das erzielte Abkommen über den Verbleib des Ostens in der Föderation wurde jedoch nicht eingehalten, da beide Seiten Einnahmen aus den Erdöl-Royalties für sich beanspruchten. Der letzte Versuch *Gowons*, den Bestand *Nigerias* durch eine Neueinteilung in zwölf Bundesstaaten zu retten (27. 8. 1967), bewirkte das Gegenteil: Der Osten, der nach diesem Plan die reichsten Öllager und die Hafenstadt *Port Harcourt* verlieren sollte, proklamierte am 30. Mai 1967 den Austritt aus der Föderation *Nigeria* und die Unabhängigkeit als Republik *Biafra*.

Der Krieg, der daraufhin zwischen *Biafra* und *Rest-Nigeria* entbrannte, wurde auf beiden Seiten mit erbarmungsloser Härte geführt. Als Generalmajor *Effiong* als amtierender Staatschef *Biafras*[34] am 15. 1. in *Lagos* die bedingungslose Kapitulation unterzeichnete, hatte der Krieg um den Bestand *Nigerias* über 2 Millionen Tote gekostet. Die überwiegende Mehrzahl der Kriegsopfer waren *Ibo*-Kinder, die zu Tausenden an Hunger und Unterernährung starben.

2. Sudan

Anders als in der Föderation *Nigeria* hatte es im Süden bereits vor der Unabhängigkeit blutige Proteste der *Südsudanesen* gegeben. Die Revolte richtete sich aber lediglich gegen die geplante Einführung eines zentralistischen Systems, nicht gegen die Schaffung eines Staates, der auch die Süd-

---

[34] *Ojukwu* hatte am 11. 1. 1970 *Biafra* verlassen und sich ins Exil in die *Elfenbeinküste* begeben.

provinzen umfaßte. Die Südsudanesen waren folglich nicht prinzipiell integrationsfeindlich. Durch die Schaffung eines föderativen Staatsaufbaus und die Gewährung eines gewissen Grades an Autonomie hätte man die Angst des Südens vor dem arabisierten Norden vermutlich nicht beseitigen, aber doch neutralisieren können. Allen warnenden Zeichen zum Trotz wurde der *Sudan* am 1. Januar 1956 als parlamentarisch regierter Einheitsstaat in die Unabhängigkeit entlassen. Bereits zwei Jahre später stürzten unentschiedene Neuwahlen das parlamentarische System in eine Krise. Am 17. November 1958 übernahm die Armee unter General *Ibrahim Ferik Abboud* die Macht. Dem Regime *Abboud* stand die Bevölkerung des Südens von vornherein aus zwei Gründen feindlich gegenüber: 1. nach der Meuterei der *Equatoria*-Soldaten waren die wenigen Offiziere, die aus dem Süden stammten, verhaftet und zu langjährigen Freiheitsstrafen verurteilt worden, so daß das gesamte Offizierskorps unter *Abboud* nur den Norden vertrat; 2. die Militärregierung stand den Autonomiewünschen des Südens noch ablehnender als die abgesetzte Zivilregierung gegenüber. Die betont »nationale« und zentralistische Politik der Militärs führte zu erneuten Zusammenstößen im Süden. Anstatt das Mißtrauen der Südsudanesen durch forcierte Förderungsmaßnahmen abzubauen, versuchten die Militärs, die ständig wachsende Unruhe mit Waffengewalt zu unterdrücken. Die politischen Führer des Südens wurden, sofern es ihnen nicht gelang, ins Ausland zu entkommen, verhaftet oder getötet. Ausschreitungen gegen im Süden tätige Nordsudanesen wurden mit brutalen Massakern geahndet. Jahrelang zog sich dieser Kleinkrieg in ständiger Eskalation hin. Als 1963 General *Tafeng*, der die Revolte von 1955 angeführt hatte, aus dem Gefängnis entlassen wurde, änderte sich die Art der Kriegsführung im Süden schlagartig. *Tafeng* koordinierte die bis dahin unorganisierten Vorstöße der Südsudanesen und schuf die »*Anya-Nya*«[35], die organisierte und mit modernen Waffen kämpfende Befreiungsarmee des Südens. Damit war jede Hoffnung auf eine Eindämmung des Konfliktes zerstört. Die politische Führungsorganisation, die »*Azania Liberation Front*« forderte jetzt offen die Sezession. Da die Befreiungsarmee propagandistisch und mit hoher Wahrscheinlichkeit auch finanziell Unterstützung von den christlichen Kirchen erhielt, wurden alle Missionare entweder umgebracht oder des Landes verwiesen. Von einer gezielten Christenverfolgung – eine These, die von kirchlicher Seite wiederholt vertreten wurde – kann jedoch nicht gesprochen werden: die animistischen Südsudanesen, die die große Mehrheit bilden, wurden in all den Jahren ebenso verfolgt und gemordet

---

[35] *Anya-Nya* ist der Name des Skorpiongiftes.

wie die christlichen. Der Krieg im Sudan ist ein Krieg des arabisierten, in allen Bereichen dominierenden Nordens gegen den vernachlässigten, durch langjährige Unterdrückung auf den Weg der Sezession getriebenen Süden. Der Religionsfaktor spielte als zusätzliches Unterscheidungs- und Abgrenzungskriterium eine Rolle, er war aber weder Ausgangspunkt des Konfliktes, noch war er Grundmotivation für das Verhalten des Nordens.
Durch die wachsenden militärischen Erfolge der *»Anya-Nya«* sah sich die Regierung *Abboud* 1964 gezwungen, die Politik der Zwangspazifizierung des Südens aufzugeben. Es wurde eine Kommission eingesetzt, die Möglichkeiten einer friedlichen Lösung des Konflikts erarbeiten sollte. Ein Appell *Abbouds*, alle Bürger mögen die bestehenden Probleme offen diskutieren, wurde vor allem an der Universität in *Khartum* eifrig befolgt. Als diese neu gewonnene Redefreiheit auch vor massiver Kritik der Militärregierung nicht haltmachte, erreichten blutige Zusammenstöße zwischen Polizei und Studenten ein solches Ausmaß, daß die Regierung zurücktreten mußte.
Die am 30. Oktober 1964 gebildete zivile Übergangsregierung, deren Mitglieder alle politischen Strömungen vertraten, unternahm ernste Anstrengungen, den Konflikt durch eine politische Lösung zu beenden. Eine Generalamnestie wurde erlassen (und weitestgehend eingehalten), aus den Nachbarländern zurückkehrende Flüchtlinge wurden in neuerrichteten »Friedensdörfern« angesiedelt und wirtschaftlich unterstützt. Auch die Mehrzahl der südsudanesischen Exil-Politiker kehrte in den Süden zurück, der Rest der *ALF* zerfiel in rivalisierende Grüppchen. *Jervase Yak*[36] wurde als Vertreter des Südens in den fünfköpfigen Staatsrat berufen, zwei andere Südsudanesen – *Clement Mboro* und *Milary Paul Logadi* – erhielten Ministerposten. Doch bereits 1967 brachen die alten Streitigkeiten um die Behandlung der Südprovinzen in *Khartum* wieder aus. Der für seine prosüdliche Haltung bekannte *Saddik el-Mahdi*[37] spaltete sich mit seiner Fraktion von der *»Umma«* ab. Die Unruhen begannen erneut. 1968 wurde der Führer der versöhnungsbereiten Partei der Südsudanesen[38], *William Deng*, im Süden ermordet.
Streitigkeiten über den außenpolitischen Kurs der Regierung führten im Mai 1969 zu einem zweiten Staatsstreich. Mit Hilfe linksorientierter Offi-

---

[36] *Yak* diskutierte mit dem Papst in Rom die Probleme der seelsorgerischen Arbeit im Süden. Einverständnis wurde erzielt, daß für eine Übergangszeit Priester aus anderen afrikanischen Ländern diese Aufgabe wahrnehmen sollten.
[37] *Saddik* war bis zu seiner Ermordung 1970 Oberhaupt der *Ansari*-Sekte.
[38] *»Sudan African National Union«*.

ziere und mit Hilfe der Kommunistischen Partei[39] gelang es Generalmajor *Jaafar al-Nimeiry*, erneut eine Militärregierung im Sudan zu errichten. *Nimeiry* erließ, wie schon 1969 die Zivilregierung, eine Generalamnestie für alle Südsudanesen, die bereit waren, die Waffen niederzulegen. Die es taten, wurden hingerichtet[40]. Als der *Mahdi* offiziell protestierte, wurden er und Hunderte seiner Anhänger von *Nimeirys* Truppen angegriffen und getötet. Wieder wurde im Sudan erbittert gekämpft, und *Nimeirys* Versprechen, den Konflikt politisch zu lösen, erschien vorübergehend als eine rein taktische Maßnahme. Die jüngsten Ereignisse zeigen jedoch, daß General *Nimeiry* ernsthaft versucht, den Konflikt zwischen dem Norden und dem Süden anders als mit Waffengewalt zu lösen. Auf der Konferenz des Ministerrats der *OAU*, die im Februar 1972 in *Addis Ababa* stattfand, wurde die gesamte Problematik zum ersten Male offiziell erörtert. In einem Abkommen erklärte sich die Zentralregierung bereit, dem *Süd-Sudan* innerhalb des bestehenden Staatsverbandes eine weitgehende lokale Autonomie zu gewähren. Ob die Bestimmungen des Abkommens eingehalten werden und ob sie von allen Beteiligten längerfristig gesehen akzeptiert werden, bleibt abzuwarten. Auf jeden Fall aber hat die Verhandlungsbereitschaft der Militärregierung den *Sudan* dem Frieden einen entscheidenden Schritt näher gebracht.

3. Kenia

Als *Kenia* im Jahre 1963 die Unabhängigkeit erhielt, betrug die Zahl der dort lebenden *Inder* ca. 180 000. Mehr als die Hälfte (60 bis 65 Prozent) lebten bereits in zweiter oder dritter Generation in dem ostafrikanischen Land, der Rest waren Neueinwanderer. Starke asiatische Minoritätengruppen gab es vor allem in den Städten, die Bevölkerung der Hauptstadt *Nairobi* bestand zu einem Drittel aus Indern[41]. Jedoch erst der unverhältnismäßig hohe Anteil der Inder an bestimmten Berufs- und Erwerbsgruppen machte die Bedeutung dieser Minorität insgesamt aus. Der Einzelhandel befand sich fast ausnahmslos in der Hand von Indern. Die große Mehrzahl von Reparaturwerkstätten und Fuhrunternehmen wurde von Indern betrieben. Post- und Bankangestellte waren zumeist Inder. Dieser hohen Beteiligung an »modernen« Wirtschaftszweigen entsprach eine herausragende Einkommensstruktur[42]. Im Jahre 1962 bestand jene Bevölke-

---

[39] Der Führer der *KPS* war *Abdel Khalik Mahgoub*.
[40] Vgl. *Land*, Thomas: The Scorpion bites ... (s. Literaturverzeichnis), p. 44.
[41] Quelle: Fischer Weltalmanach 1969, p. 64.
[42] Vgl. Neue Zürcher Zeitung vom 18. Januar 1969.

rungsgruppe, die pro Jahr weniger als 120 Pfund verdiente, zu 91,4 Prozent aus Afrikanern, nur 11 Prozent waren Asiaten. An der Einkommensgruppe, die pro Jahr mehr als 400 Pfund verdiente, waren die Afrikaner mit 0,5 Prozent beteiligt, 68,4 Prozent entfielen auf die Inder.
Wie wenig sich die asiatische Minorität dem Staat *Kenia* verbunden fühlte, zeigte sich, als die Regierung *Kenyatta* allen Indern die *kenianische* Staatsangehörigkeit anbot: nur 70 000, also 38,8 Prozent, nahmen das Angebot an[43]. Die Mehrheit zog es vor, den *britischen Commonwealth-Paß* zu behalten. Gewiß, durch die Übernahme einer Staatsangehörigkeit werden bestehende Unterscheidungsmerkmale wie Rasse und wirtschaftlicher Erfolg nicht aufgehoben; aber die Zurückweisung der *kenianischen* Staatsangehörigkeit war ein deutliches Symptom für die *prinzipielle* Integrationsunwilligkeit der Inder. Sie zeigten deutlich, daß sie in *Kenia* waren, um zu verdienen. Der Staat *Kenia* und seine Entwicklung war ihnen höchst gleichgültig. Die Integrationsunwilligkeit steigerte sich im gesellschaftlichen Bereich zur Integrationsfeindlichkeit. Alle Kontakte mit Afrikanern, die nicht unmittelbar geschäftlicher Natur waren, wurden vermieden[44]. Die asiatische Minorität in *Kenia* manövrierte sich selbst in die Isolation. Die Isolation einer gesellschaftlichen Gruppe, zumal wenn diese durch äußere Faktoren wie Hautfarbe und Lebensstandard leicht definierbar ist, stellt in der Realität immer eine potentielle Konfliktsituation dar. Es bedarf dann lediglich einer Initialzündung, um diesen Konflikt offen ausbrechen zu lassen.
Im Falle *Kenia* bestand diese Initialzündung in einem neuen Einwanderungsgesetz, das die Regierung Ende 1967 verabschiedete[45]. Danach hatten alle im Lande ansässigen Ausländer[46] um eine neue Aufenthaltsgenehmigung und vor allem um eine zeitlich begrenzte Arbeitsgenehmigung nachzusuchen. Lizenzen für Wirtschaftsunternehmen durften an Ausländer nur noch in geringer Zahl vergeben werden, und nur dann, wenn nachgewiesenermaßen keine Bewerbung eines Afrikaners vorlag. Jeder Ausländer, der eine Arbeitsgenehmigung erhielt, war nach dem Gesetz gezwungen, in

---

[43] Die einzige Gruppe der Inder, die fast geschlossen die kenianische Staatsangehörigkeit akzeptierte, waren die *Ismaeliten*. Ihr Oberhaupt, *Aga Khan*, hatte ihnen geraten, sich mit dem Land, in dem sie leben, zu identifizieren.
[44] Hieran wird deutlich, daß die Inder keineswegs »die Juden Ostafrikas« sind, wie gelegentlich behauptet wurde; denn zwischenmenschliche Kontakte zwischen Juden und Nicht-Juden haben beispielsweise in Deutschland in allen gesellschaftlichen Bereichen bestanden.
[45] Zum Inhalt des Gesetzes vgl. Neue Zürcher Zeitung, 17. 2. 68.
[46] D. h. alle, die nicht die *kenianische* Staatsangehörigkeit angenommen hatten.

einer bestimmten zeitlichen Frist Afrikaner anzulernen, die die Arbeit oder das Geschäft nach Ablauf dieser Frist übernehmen konnten.
Der darauf folgende Exodus der Inder aus *Kenia* nach *Großbritannien* verstärkte sich noch, als das Parlament in London einen Zusatz zum »Immigration Act« erließ, wonach die Einwanderungsquote für Farbige auf 1500 im Jahr beschränkt wurde[47].
Die Gründe für die Verabschiedung des neuen Einwanderungsgesetzes in *Kenia*, das auf der einen Seite als brutaler Schlag gegen eine andersrassige Minorität, auf der anderen Seite als forciertes Afrikanisierungsprogramm bezeichnet wurde, waren vor allem wirtschaftlicher Natur. Zwar hatte die Regierung *Kenyatta* beachtliche wirtschaftliche Erfolge aufzuweisen, aber der Expansionsgrad der Wirtschaft und die staatlichen Arbeitsbeschaffungsprogramme reichten nicht aus, um genügend Arbeitsplätze für alle Schulentlassenen bereitzustellen. Vergrößert wurde das Problem der Arbeitslosigkeit noch durch die überall in Afrika zu beobachtende Landflucht. Das Heer der Arbeitslosen mit oder ohne Schulbildung ließ in den Städten ein Proletariat entstehen, das sich ständig weiter radikalisierte. Im Parteiengefüge führte dies zu einem Prestigeverlust für die regierende *»Kenya African National Union« (KANU)* und zu einem Prestigegewinn für die stärker sozialistisch orientierte *»Kenya People's Union«*, die von *Oginga Odinga* geführt wurde[48].
Das Einwanderungsgesetz war also ein Versuch der kenianischen Regierung, den innenpolitischen Radikalisierungsprozeß durch ein Afrikanisierungsprogramm auf Kosten der indischen Minorität zu stoppen. Es war *nicht* der Versuch, sich einer Minorität aus rassistischen Motiven heraus zu entledigen. Ein Nebeneffekt dieser Politik war es, daß schwelende Stammesrivalitäten vorübergehend durch die »nationalen« Maßnahmen gegen eine nicht-kenianische, nicht-schwarze Minderheit überspielt werden konnten.

V. Der internationale Aspekt der Konflikte

1. Nigeria

Bereits bei der Gründung der *»Organization for African Unity«* im Jahre 1963 hatten sich die versammelten Staatschefs für die Unantastbarkeit der

---

[47] Vgl. Neue Zürcher Zeitung, 7. 1. 69.
[48] Diese radikale Partei wurde 1966 gegründet. Die Partei wurde später verboten, *Odinga* verhaftet. Er wurde nach 18monatiger Haft im März 1971 freigelassen.

bestehenden Grenzen ausgesprochen. Indem man in Artikel III der Charta der *OAU* die von den Kolonialmächten nach willkürlichen Kriterien vorgenommene Grenzziehung sanktionierte, sprach man sich indirekt gegen die Anwendbarkeit des Selbstbestimmungsrechtes auf Stammesverbände aus. Diese Entscheidung ist positiv zu werten, insofern eine weitere Balkanisierung Afrikas aus entwicklungspolitischen Gründen nicht opportun ist; er ist indessen fragwürdig, weil z. B. der »Stamm« der *Ibo* mehr Menschen umfaßt als das »Volk« der *Finnen, Schweden* oder *Ungarn*.
Gemäß den Prinzipien der *OAU* stellte sich die überwiegende Mehrzahl der afrikanischen Politiker auf die Seite der Zentralregierung in *Lagos*. Erst durch die de-jure-Anerkennung *Biafras* durch *Tansania, Gabun, Elfenbeinküste* und *Sambia* (April/Mai 1968) wurde der *Nigeria*-Konflikt zu einem Streitpunkt zwischen den afrikanischen Staaten und mußte somit auf der 6. Konferenz der *OAU*[49] erörtert werden. Der energische Vorstoß *Tunesiens*, eine afrikanische Lösung des Konfliktes herbeizuführen, stieß jedoch bei den meisten Staaten auf Ablehnung[50]. Die Sezession war für die Mehrzahl der afrikanischen Staatschefs eine innere Angelegenheit *Nigerias*. Friedensgespräche, die verschiedentlich durch die Vermittlung vor allem des *äthiopischen* Kaisers zustande kamen, scheiterten an der Unnachgiebigkeit der Generale *Gowon* und *Ojukwu*.
Aus ähnlichen Gründen wie die *OAU*, sahen sich auch die *Vereinten Nationen* nicht in der Lage, eine Lösung des Konfliktes herbeizuführen. Da nach Artikel 2,7 der UNO-Charta die Vereinten Nationen nicht in die inneren Angelegenheiten eines Staates einzugreifen berechtigt sind, beschränkte sich die Tätigkeit der UNO auf Friedensappelle des Generalsekretärs *U Thant*. Dennoch war diese Tatenlosigkeit mehr als fragwürdig. Durch das massive Eingreifen *Großbritanniens* und der *Sowjetunion* zugunsten der Zentralregierung hatte der Krieg eine neue Dimension angenommen; er war zu einer internationalen Angelegenheit geworden. Wenn man bedenkt, daß die UNO 1960 in einer ähnlichen Situation[51] keineswegs handlungsunfähig war[52], ja, daß sie damals auf Betreiben der afrikanischen Staaten in den Konflikt eingriff, so kann man heute der UNO und den Afrikanern den Vorwurf nicht ersparen, daß sie die UNO-Charta je nach Bedarf eng oder weit auslegen: Das Eingreifen »weißer« Staaten in afrikanische Angelegenheiten wird nur dann verurteilt, wenn es den eigenen Interessen entgegenläuft.

[49] Im Herbst 1968 in Algier.
[50] Vgl. *Africa Research Bulletin,* 1173 ff.
[51] Sezession *Katangas* und Eingreifen *Belgiens* in den Sezessionskrieg.
[52] Vgl. United Nations Yearbook, 1960, p. 55 ff.

2. Sudan

Von dem Krieg im *Sudan* haben bis heute weder die *Vereinten Nationen* noch die *OAU* offiziell Kenntnis genommen. Wie im Falle *Nigeria* ist der Konflikt offiziell eine innere Angelegenheit des souveränen Staates *Sudan*. Indirekt führte der Krieg aber zu einer Verschlechterung der Beziehungen zwischen der *sudanesischen* Regierung einerseits und *Uganda* bzw. *Äthiopien* andererseits. Den Flüchtlingsstrom von Südsudanesen in diese beiden Nachbarländer versuchten die Militärs in *Khartum* wiederholt durch Expeditionen über die jeweilige Grenze abzublocken[53]. Nach dem erfolgreichen Staatsstreich des Generalmajors *Idi Amin* in Uganda verschlechterten sich die Beziehungen noch mehr. Wiederholt beschuldigte *Amin* die *sudanesische* Regierung, sie bilde Guerrilleros aus, die dem gestürzten *ugandesischen* Staatschef *Milton A. Obote* wieder zur Macht verhelfen sollten. Ob diese Anschuldigungen der Wahrheit entsprechen, muß dahingestellt bleiben. Es ist aber denkbar, daß *Amin* durch die Erzeugung außenpolitischer Spannungen versuchte, sein Regime in *Uganda* zu stabilisieren.

Eine Verbesserung der Beziehungen zwischen dem *Sudan* und *Äthiopien* bahnte sich nach einem offiziellen Besuch *Haile Selassies* in *Khartum* an[54]. Das Resultat »vertraulicher« Gespräche der beiden Staatschefs über Grenzfragen[55] zeigte sich im Sommer 1971: *sudanesisches* Militär suchte auf *äthiopischem* Gebiet nach *südsudanesischen* Rebellen, *äthiopisches* Militär suchte auf *südsudanischem* Gebiet nach Angehörigen der *»Eritrean Liberation Front«*[56].

Der im Juli 1971 durchgeführte Staatsstreich der sudanesischen Kommunisten und kommunistisch orientierter Offiziere hatte allem Anschein nach wenig mit dem Nord-Süd-Konflikt zu tun. Der gescheiterte Putsch war das Resultat von Interessendivergenzen hinsichtlich des außenpolitischen Kurses. Der innenpolitische Sieg *Nimeirys*, der durch aktiven Beistand der *Libyer* und *Ägypter* errungen wurde, wird zweifelsohne eine stärkere Anlehnung des *Sudans* an die arabische Welt nach sich ziehen. Wie sich diese außenpolitische Neuorientierung auf den Konflikt im Sudan auswirken wird, ist zum gegenwärtigen Zeitpunkt nicht abzusehen.

---

[53] Vgl. Neue Zürcher Zeitung vom 5. 7. 67 und 1. 2. 71 sowie Deutsche Welle, Monitor-Dienst, 2. 3. 71.
[54] Im Januar 1970.
[55] *Äthiopien* erhebt Anspruch auf ein *südsudanesisches* Grenzgebiet.
[56] Die *ELF* ist eine bewaffnete Organisation, die für die äthiopische Provinz *Eritrea* die Unabhängigkeit fordert. Sie wird von arabischen Staaten unterstützt.

3. Kenia

Der Konflikt zwischen der kenianischen Regierung und der in Kenia ansässigen asiatischen Minorität zog keine internationalen Spannungen nach sich. Nach Verabschiedung der erwähnten neuen Einwanderungsbestimmungen mußte die britische Regierung zwar harte Kritik im In- und Ausland in Kauf nehmen; die Kritik wurde aber geschickt mit dem Argument aufgefangen, die wirtschaftliche Situation Großbritanniens erlaube keine verstärkte Einwanderung farbiger, oft ungelernter Arbeiter. Auf den Hinweis eines Sprechers des pakistanischen Außenministeriums, es sei die »moralische und rechtliche Pflicht«[57] Großbritanniens, die Asiaten aufzunehmen, reagierte die britische Regierung nicht. Daraufhin erklärte Pakistan im März 1968 seine Bereitschaft, Auswanderer aus Kenia aufzunehmen. Zu einem vergleichbaren Schritt konnte sich die indische Regierung nicht entschließen. In einer Debatte im indischen Parlament verteidigte ein hoher Beamter des Außenministeriums die Afrikanisierungspolitik der kenianischen Regierung und erklärte, es sei die Pflicht der Inder in Kenia, sich mit dem Staat, in dem sie leben, zu identifizieren[58].

VI. Schlußbetrachtung

Die behandelten Konflikte in *Nigeria*, *Sudan* und *Kenia* waren Integrationskonflikte, die sich im Kern aus der allen schwarzafrikanischen Staaten gemeinsamen Heterogenität des Staatsvolkes ergaben. Insofern handelt es sich um Spannungen, die latent auch in anderen afrikanischen Staaten vorhanden sind und die unter bestimmten Bedingungen auch in diesen Staaten zu offenen Konflikten werden können.

Integrationskonflikte sind in Schwarzafrika vor allem ein Erbe der Kolonialzeit. Die Kolonialmächte vereinigten Bevölkerungsgruppen mit unterschiedlichen Traditionen, Sozialstrukturen, Sprachen und Religionen in mehr oder weniger straff geführten Verwaltungseinheiten. Die von den Briten praktizierte Politik der »Indirect Rule« – durchaus vergleichbare Praktiken finden sich in der Kolonialpolitik der Franzosen – konservierte und vertiefte teilweise noch die bestehenden Unterschiede zwischen den Stämmen und/oder religiösen Gruppen. Die Gefahren, die sich aus einer derartigen Heterogenität für den Bestand eines Staates ergeben, wurden von den politischen Führern der unabhängig werdenden Staaten Afrikas

---

[57] Vgl. Neue Zürcher Zeitung, 7. 3. 68.
[58] Vgl. Africa Quarterly, Vol. IV, No. 3, p. 199.

im allgemeinen gesehen. Die Propagierung eines auf die gegebenen Staatsterritorien bezogenen Nationalismus erschien den Politikern als ein geeignetes Mittel, um bestehende Stammesunterschiede und Gruppenrivalitäten abzubauen. Nationalismus als Integrationsideologie bleibt aber sinn- und erfolglos, wenn sie nicht durch konkret-integrative, legale Maßnahmen von seiten der Entscheidungsträger in die Praxis umgesetzt wird. In *Nigeria* hat es Ansätze dieser Art durchaus gegeben; sie scheiterten aber an der mangelnden Kooperationsbereitschaft der traditionellen Führer des Nordens, für die der Kampf um Einfluß in der Zentralregierung vor allem ein Kampf um die Erhaltung ihrer Führungspositionen in der eigenen Region war. Als auch die anderen um die Macht kämpfenden Politiker in zunehmendem Maße auf bestehende Stammesloyalitäten zurückgriffen, begann der Auflösungsprozeß der Föderation, der seinen Höhepunkt mit der Sezession der Ostregion erreichte. Inzwischen ist die Einheit des Staates *Nigeria* durch Waffengewalt wiederhergestellt. Ob der von den Führern des heutigen *Nigeria* eingeleitete Integrationsprozeß aber erfolgreich verlaufen wird, ist eine Frage, auf die es zur Zeit keine Antwort geben kann. Als der *Sudan* die Unabhängigkeit erhielt, bestand der für die Einleitung eines friedlichen Integrationsprozesses notwendige Minimalkonsens faktisch nicht mehr. Da der in allen Bereichen dominierende Norden nicht bereit gewesen war, dem Süden durch Gewährung einer gewissen Autonomie die Furcht vor weiterer Unterdrückung zu nehmen, begann ein ständig sich eskalierender Kleinkrieg gegen den von Nordsudanesen kontrollierten Staatsverband. Von zeitlich sehr begrenzten Intervallen abgesehen, versuchte der Norden, ein Auseinanderbrechen des Sudan durch Zwang und Anwendung von Waffengewalt zu verhindern. Erst in der jüngsten Zeit wird von den Militärs anscheinend versucht, für eine Lösung des Konfliktes andere Mittel als Waffen einzusetzen.
Der Konflikt in *Kenia* ist von den Konflikten in *Nigeria* und *Sudan* insofern zu unterscheiden, als es sich nicht um einen Konflikt zwischen autochthonen Eliten und/oder autochthonen Bevölkerungsgruppen handelt, sondern um einen Konflikt zwischen einer afrikanischen Regierung und einer »importierten«, nicht-kenianischen Minorität. Diese Minorität, die sich bewußt integrationsfeindlich verhalten hate, wurde bekämpft, als dieser Schritt aus innenpolitischen Gründen zwar nicht unbedingt notwendig, aber opportun war. Auch dieser Konflikt kann sich in anderen afrikanischen Staaten jederzeit wiederholen, da es in zahlreichen Staaten Schwarz-Afrikas andersrassige Minoritäten gibt, die zwar eine wirtschaftschaftlich herausragende Position einnehmen, sich aber nicht mit dem Staat, in dem sie leben, identifizieren.

Ausgewählte Literatur:

Ansprenger, Franz: Auflösung der Kolonialreiche, München 1966.
Deutsch, K. W., und *Foltz, W. J.* (Hrsg): Nation Building, New York 1963.
Ghai, Dharam P. (Hrsg.): Portrait of a Minority; Asians in East Africa, Nairobi 1965.
Hanisch, Rolf: Bürgerkrieg in Afrika? Biafra und die inneren Konflikte eines Kontinents. Schriftenreihe zur Politik und Zeitgeschichte, Berlin 1970.
Land, Thomas: A New Biafra? – The Scorpion Bites in Sudan's Civil War, in: East Africa Journal, Juni 1970.
Löwenthal, Richard: Staatsfunktionen und Staatsform in Entwicklungsländern, in: *Löwenthal, Richard* (Hrsg): Demokratie im Wandel der Gesellschaft, Berlin 1963.
Lugard, F. D.: The dual mandate in British Tropical Africa, London/Edinburgh 1965.
Nwankwo / Ifejeka: The making of a nation: Biafra, London 1969.
Said, Beshir Mohammed: The Sudan: Crossroads for Africa, London 1965.
Schwarz, Frederick A. O.: Nigeria, The Tribes, The Nation, or the Race – The Politics of Independence Mass, London 1965.

Leonhard Harding

Die Isolierung der Republik Guinea
Ein Entwicklungsland im Konflikt zwischen
Selbstbehauptung und Großmachtinteressen

I. Vorbemerkungen

Seit der mißglückten Invasion *Guineas* im November 1970 hat dieses Land an der Westküste Afrikas auch in der deutschen Öffentlichkeit für Schlagzeilen gesorgt. Die Bundesrepublik wurde beschuldigt, eine der Triebfedern bei der Vorbereitung des Komplotts gewesen zu sein; ihre Entwicklungshelfer mußten das Land verlassen; zwei deutsche Staatsbürger sahen sich in einem Schauprozeß zu drakonischen Strafen verurteilt; einer von ihnen, *Hermann Seibold,* kam unter noch ungeklärten Umständen während des Prozesses ums Leben.
Viel ist inzwischen über die Hintergründe der Invasion gerätselt worden, ebenso wie über die Bedeutung des Prozesses, bei dem nacheinander nahezu alle ausländischen Mächte bis hin zum *Vatikan* der Komplizenschaft bezichtigt wurden. Im folgenden soll nun der Versuch unternommen werden, die politische Geschichte *Guineas* im Spannungsfeld der Ost-West-Beziehungen zu analysieren und zum entscheidenden Kern dieser Geschichte und ihrer jüngsten Ereignisse vorzudringen. Die Invasion und ihre Unterdrückung erscheinen nämlich als vorläufiges Ende einer Entwicklung, die durch die politische und wirtschaftliche Lage Guineas im Schnittpunkt der Großmachtinteressen geradezu vorgezeichnet ist.
Sékou Touré hatte seiner Politik das Ziel gesetzt, eine reale Unabhängigkeit seines Landes zu erringen und im internationalen Kräftespiel zu behaupten. Durch die besonderen politischen und wirtschaftlichen Gegebenheiten geriet *Guinea* aber unversehens in das Kräftefeld ausländischer Interessen; es wurde zum Streitobjekt des konkurrierenden Expansionsdranges der beiden Blöcke. In dieser Konstellation kam der Politik *Sékou Tourés* geradezu eine exemplarische Bedeutung zu: *Guinea* wurde zum Testfall für Bedingungen und Möglichkeiten der Blockfreiheit eines Entwicklungslandes.
Am Ausgang dieses politischen Experimentes läßt sich in der Tat ablesen, ob die weltweite Ausbildung zweier gegensätzlicher politischer Lager nach Afrika übergreifen kann und in welchem Maße sie die Innen- und Außen-

politik der afrikanischen Staaten beeinflußt bzw. sogar bestimmt. Darüber hinaus könnte sich daran der objektive Stellenwert afrikanischer Geschehnisse für das internationale System erweisen.

Vierzehn Jahre nach der Erlangung der Unabhängigkeit ist *Guinea* heute ein weltweit isoliertes Land. Weder in Westafrika noch auf dem afrikanischen Kontinent oder in den Zentren der übrigen Welt hat es Partner oder entschiedene Befürworter seiner Politik. Anstelle der intendierten innerafrikanischen Einigung ist es gar zu einem ernsthaften, fast schon institutionalisierten Konflikt *Guineas* mit seinen frankophonen Nachbarn gekommen.

Bei näherer Analyse erweist sich jedoch auch dieser Konflikt als Auswirkung einer innerafrikanischen Blockbildung, die ihrerseits wiederum eine Folgeerscheinung der weltweiten Auseinandersetzung zwischen Ost und West darstellt. Trotz der erklärten Zielsetzung *Sékou Tourés* war *Guinea*, waren auch Westafrika und der ganze afrikanische Kontinent nicht aus der Interessenkonfrontation der Großmächte herauszuhalten. Vielmehr hat sich die Bildung der politischen Lager hier fortgesetzt und die Politik der afrikanischen Staaten entscheidend oder gar bestimmend beinflußt.

Das offenkundige Scheitern der Politik *Sékou Tourés* soll nun in dieser Konfliktstudie auf seine Ursachen und Konsequenzen im internen, im innerafrikanischen und im internationalen Bereich untersucht werden. Die Studie möchte darüber hinaus einen Beitrag zu einer Neubesinnung in bezug auf die außenpolitischen Entscheidungsprozesse in der Bundesrepublik leisten, soweit diese sich auf die Länder der sogenannten Dritten Welt beziehen.

II. Historische und sozio-ökonomische Daten

1. Guineas Schritt in die Unabhängigkeit

Im Unterschied zu allen anderen früheren französischen Kolonien in Afrika ist *Guinea* 1958 der von *de Gaulle* konzipierten »Communauté« nicht beigetreten. Gleichzeitig erfolgte der persönliche Bruch *de Gaulles* mit *Sékou Touré*, der für die außenpolitische Orientierung des Landes bestimmend wurde. Die unmittelbare Folge war der sofortige Abzug des französischen Personals, die Unterbindung des Kreditzuflusses durch die französischen Banken und eine von *Paris* verhängte Quarantäne, die auch die Länder der Communauté miteinbezog.

Für diese war die Pariser Reaktion in doppelter Weise reich an Konsequenzen. Sie hatte ohne Zweifel zunächst integrierenden Charakter, brachte die afrikanischen Politiker französischer Sprache aber in eine überaus mißliche Lage: Innerafrikanische Solidarität und antikolonialistische Gemeinsamkeit waren durch ihren Beitritt zur »Communauté« ins Hintertreffen geraten; *Sékou Touré* konnte sie bloßstellen und vor ihren Landsleuten als Verräter an der Sache Afrikas desavouieren. Davor konnten sie sich wiederum nur durch eine um so stärkere Bindung an Frankreich und eine um so heftigere Denunzierung des guineischen Schrittes retten. Die Folge war eine beginnende Isolierung Guineas im eigenen, westafrikanischen Bereich.

Durch die Wirtschaftsblockade Frankreichs und seiner Verbündeten sah sich *Sékou Touré* gezwungen, Kapitalhilfe in anderen Ländern zu suchen. Die ersten Angebote kamen aus dem Ostblock; mit ihm wurden auch die ersten Handelsabkommen abgeschlossen. 1959 kam es zwar zu einer vorübergehenden Annäherung an Frankreich und zur Unterzeichnung von Abkommen über wirtschaftliche, technische und kulturelle Zusammenarbeit. Als *Guinea* aber durch die Schaffung einer eigenen Währung im März 1960 aus der Franc-Zone ausschied, wurden alle wirtschaftlichen Beziehungen von Paris abgebrochen. Die Lösung aus der französischen Einflußzone war vollzogen.

Diese Entwicklung war über Guinea hinaus von weltweiter politischer Bedeutung. In den Jahren 1958/1961 ging eine Ära zu Ende, in der die westeuropäischen Kolonialmetropolen weitgehend das Weltgeschehen bestimmt hatten. Europa mußte nun seinen Platz mit der aufsteigenden Dritten Welt teilen.

In diesem Augenblick konzentrierte sich das Interesse der beiden Großmächte, vor allem aber der *UdSSR,* auf Einstiegsmöglichkeiten in die Dritte Welt. Auf dem afrikanischen Kontinent stieß *Guinea* eine solche Tür geradezu einladend auf. Es konnte für die *Sowjetunion* zum Paradestück einer sozialistischen Entwicklungshilfe und Entwicklungspolitik werden, und dies um so ungehinderter, als die *USA* unter *Eisenhower* an Afrika noch wenig interessiert und durch die französische Quarantäne in ihrer Bewegungsfreiheit eingeschränkt waren. Für *Rußland* ließ sich das reiche Land an Afrikas Westküste neben *Ghana* zu einem Brückenkopf im Schwarzen Kontinent ausbauen. Schnelligkeit und Umfang der Kreditzusagen aus Ländern des Ostblocks zeugen für den Ernst dieser Spekulationen[1].

---

[1] Dazu: *Robert Levgold,* Lignes de force de la diplomatie soviétique en Afrique (s. Bibliographie).

2. Wirtschaftliche Daten zur Entwicklung Guineas

Guinea ist trotz einer geringen Bevölkerungsdichte von ca. 16 Einwohnern pro Quadratkilometer (4 Millionen Einwohner, 245 857 qkm) ein sehr reiches und entwicklungsfähiges Land. Seine Bodenschätze, Bauxit und Eisenerz, aber auch abbauwürdige Vorkommen von Chrom, Kupfer, Zink, Nickel sowie Kobalt, Titan und Mangan können dem Land wirtschaftlichen Wohlstand bescheren, wenn sie planmäßig abgebaut werden. Vor allem die Bauxitreserven sind beträchtlich: sie werden auf über zwei Drittel der bekannten Bauxitvorkommen der Welt geschätzt. Ihre Förderung wurde Ende März 1960 in einem ersten Industriekomplex, *FRIA*, begonnen und erreichte im Jahre 1966 ein Volumen von 550 000 Tonnen Aluminiumoxyd, was einem Wert von 8,7 Milliarden Francs Guinéens oder 61 Prozent des guineischen Exportvolumens entsprach[2]. Das Unternehmen liegt in privaten Händen; es überläßt 33 Prozent der im Exportgeschäft erwirtschafteten Devisen dem guineischen Staat.

Ein zweiter, weit umfangreicherer Industriekomplex liegt in *Boké;* seine Jahresproduktion ist auf 6 Millionen Tonnen Bauxit angesetzt. Der Reingewinn der von Privatgesellschaften durchgeführten Schürfung *(Harvey Aluminium Limited)* fällt zu 65 Prozent dem guineischen Staat zu, bei vollem Vorbehalt der Eigentumsrechte[3]. Andere Unternehmen der Schwerindustrie sind im Aufbau begriffen. So hat *Guinea* etwa im Jahre 1968 parallel zu weiteren Verhandlungen mit *US*-Firmen einen Vertrag mit der *Sowjetunion* zum Abbau der Bauxit-Vorkommen in *Kindia* unterzeichnet. Im Jahre 1969 hat sich ein internationales Konsortium zur Erschließung der Eisenvorräte im *Nimba-Gebirge* zusammengesetzt. Im Februar 1971 hat die *British Steel Corporation* zusammen mit der *United States Steel Corporation* und *australischen, holländischen, japanischen* und *schwedischen* Teilhabern die Planung begonnen. Im März 1971 wurde zwischen *Guinea* und der »*Alu-Schweiz*« ein Abkommen über die Bauxit-Förderung in *Tougué* mit 65prozentiger Gewinnbeteiligung des guineischen Staates unterzeichnet. Am 19. April 1971 schließlich konnte die Unterzeichnung eines Vertrages mit einer *jugoslawischen* Firma gemeldet werden, die sich zur Förderung der Bauxitvorkommen in *Dabola* verpflichtete. Der guineische Staat hält dabei 51 Prozent des Kapitals und hat sich eine Gewinnbeteiligung von 75 Prozent ausbedungen.

Sind diese Industriezweige in voller Expansion begriffen, so weisen die ver-

---

[2] Vgl. *Suret-Canale*, La république de Guinée (s. Bibliographie), S. 287–290.
[3] Ebd., S. 294–298.

arbeitende Industrie und die Diamantenindustrie, beide in staatlicher Hand, eine defizitäre Bilanz auf. Die verarbeitende Industrie leidet unter den Folgen eines weitverbreiteten Schmuggels, unter Devisenmangel und den Schwierigkeiten der Ersatzteilbeschaffung sowie unter der Enge des nationalen Marktes[4]. Die Diamantenindustrie ist wegen des unterschiedlichen Preisniveaus im Ausland von der Regierung vorläufig eingefroren worden, nachdem der Export von einem Wert von 1 200 000 Karat im Jahre 1961 auf 20 000 Karat im Jahre 1966 gesunken war[5].

Auch die Bodenbeschaffenheit und die klimatischen Bedingungen machen aus *Guinea* ein fruchtbares und exportfähiges Land (Bananen, Ananas und Kaffee). 1958 bestanden die Exporte *Guineas* zu 60 Prozent aus Agrargütern. Die Bananenproduktion (1958: 64 900 Tonnen; 1963/64: 30 000 Tonnen; 1967: 42 289 Tonnen) steht heute allerdings vor der Gefahr der völligen Einstellung. Der Devisenmangel und fehlerhafte Planung bei der Einfuhr notwendiger Düngemittel, die massive Auswanderung europäischer Pflanzer und mangelnde Investitionstätigkeit haben zu diesem Engpaß geführt[6].

Demgegenüber nimmt die Ananasproduktion trotz erheblicher Schwankungen zu: 1958: 2900 Tonnen; 1960: 7800 Tonnen; 1961: 3600 Tonnen; 1962: 1600 Tonnen; 1966: 8000 Tonnen (Export)[7]. Der enorme Produktionsrückgang in den Jahren 1961/62 ist auf die finanziellen Schwierigkeiten zurückzuführen, die sich als Folge der Inkonvertibilität der eigenen Währung und der Abwanderung vieler europäischer Pflanzer einstellten. Der Kaffee-Export ist durch ähnliche Probleme, vor allem aber durch ein umfangreiches illegales Exportgeschäft, von 15 662 Tonnen im Jahre 1959 (1960: 12 000 Tonnen; 1963: 8700 Tonnen; 1966: 12 700 Tonnen) auf ganze 2000 Tonnen im Jahre 1967 gesunken, wobei die illegale Ausfuhr nach Liberia auf über 8000 Tonnen im Jahre 1966 geschätzt wurde[8].

Obwohl sich *Guinea* für den Reisanbau eignet – die französische Kolonialverwaltung wollte das Land zum Reisspeicher Französisch-Westafrikas machen –, sind die Erträge seit 1960 fast zur Bedeutungslosigkeit abgesunken. Gleichzeitig haben die Reisimporte, die zur Versorgung der Bevölkerung lebensnotwendig sind, in außerordentlichen Proportionen zu-

---

[4] Näheres bei *Suret-Canale*, a. a. O., S. 315–330.
[5] *Suret-Canale*, a. a. O., S. 304–306.
[6] Näheres bei *Suret-Canale*, a. a. O., S. 252–254.
[7] A. a. O., S. 254–255.
[8] Durch den Kaffeeschmuggel verliert Guinea etwa die Hälfte seiner Jahresproduktion. Dadurch ist ein Land wie Liberia, das selbst kaum Kaffee produziert, zum Exporteur geworden. *Suret-Canale*, a. a. O., S. 258.

genommen: 1958: 6800 Tonnen; 1959: 24 000 Tonnen; 1960: 18 900 Tonnen; 1961: 20 600 Tonnen; 1962: 25 200 Tonnen; 1966: 38 961 Tonnen (davon 80 Prozent aus den USA)[9].

Der hauptsächliche Grund für diese Entwicklung ist erneut auf dem finanziellen Sektor zu suchen: Nach dem Ausscheiden aus der Franc-Zone hatte die Regierung den Reispreis aus sozialen Erwägungen sehr niedrig angesetzt (35 FG pro Kilogramm, entsprechend den Importpreisen), entmutigte damit aber die nationale Produktion und förderte die illegale Wiederausfuhr des importierten Reises in Länder mit höherem Preisniveau. Auch eine nationale »campagne du riz«, wodurch die Reisimporte binnen zwei Jahren abgebaut werden sollten, hat ihr Ziel nicht erreicht[10].

Ein erster Dreijahresplan [11] (1960–1964) hatte die Grundlagen für eine wirtschaftliche Unabhängigkeit *Guineas* legen sollen. Er schuf eine nationale Währung, monopolisierte den Außenhandel, verstaatlichte eine Anzahl wichtiger Wirtschaftszweige und rief einige Industriekomplexe ins Leben. Das gesteckte Ziel vermochte er jedoch nicht zu erreichen: Die landwirtschaftliche Produktion ging sogar zurück, und die Staatsbetriebe und die Verwaltung verschlangen 30 Milliarden GF an Stelle von 10 Milliarden[12].

Auch der anschließende Siebenjahresplan[13] (1964–1971) hat die in ihn gesetzten Hoffnungen nicht erfüllen können. Von seinen Schwerpunkten (Steigerung der landwirtschaftlichen Erträge, Versorgung der Industrie mit eigenen Rohstoffen, Ausbau der Exportwirtschaft) hat lediglich der erste »un certain progrès« zu verzeichnen[14].

Über die heutige wirtschaftliche Lage *Guineas* können nur Mutmaßungen angestellt werden, da die Regierung nur spärliche und oft widersprüchliche statistische Daten veröffentlicht. Die überaus pessimistische Analyse der Erfolgschancen des Siebenjahresplanes, die *Suret-Canale* im Oktober 1969 erstellte[15], scheint jedoch von offizieller Seite eine Bestätigung gefunden zu haben. Daraufhin deutet auch *Guineas* Bereitschaft, mit den *Senegal-*

---

[9] *Bulletin spécial de statistique.* Conakry 1964. Nach *Suret-Canale*, a. a. O., S. 229.
[10] Näheres bei *Suret-Canale*, a. a. O., S. 229–232.
[11] Näheres bei *Joachim Voß*, Guinea (s. Bibliographie), S. 152–157.
[12] *Suret-Canale*, a. a. O., S. 187.
[13] Näheres bei *Joachim Voß*, a. a. O., S. 157–164.
[14] *Suret-Canale*, a. a. O., S. 349.
[15] »Il faut reconnaître que, pour les exportations agricoles et pour l'ensemble du secteur d'Etat (y compris les mines: le diamant et la bauxite) on assiste à un recul.« A. a. O., S. 349–350.

Anrainern eine gemeinsame Währung zu schaffen, um den augenblicklichen wirtschaftlichen Schwierigkeiten zu begegnen[16].

Dieser kurze Einblick macht deutlich, daß die wirtschaftliche Entwicklung dieses in Westafrika unvergleichlich reichen Landes heute durch erdrückende Probleme beeinträchtigt ist. Produktion und Export in Industrie und Landwirtschaft sind – außer im privaten Sektor – zurückgegangen, die Versorgung der Bevölkerung kann nur mehr durch fremde Hilfe sichergestellt werden. Nominell hat *Guinea* die Unabhängigkeit zwar behauptet und durch die Schaffung einer eigenen Währung sogar ausgebaut, praktisch aber ist das Land durch die wachsenden Reisimporte und das wachsende Investitionsvolumen in einem nie für möglich gehaltenen Maße an das Ausland zurückgebunden worden.

Worauf diese defizitäre Entwicklung zurückzuführen ist, soll in den folgenden Abschnitten analysiert werden. Es wird sich zeigen, daß die Konfrontation der Interessen *Guineas* mit denen der Großmächte diesen Schwierigkeiten zugrunde liegt.

III. Die politischen Vorstellungen Sékou Tourés

1. Das Selbstverständnis der guineischen Revolution

Guineas Nein zu der von *de Gaulle* vorgeschlagenen »Communauté« ist aus dem Willen zu völliger politischer Unabhängigkeit entstanden. *Sékou Touré* sah diese in einer von Frankreich bestimmten wirtschaftlichen und politischen Gemeinschaft bedroht und ließ *de Gaulle* am 25. 8. 1958 in *Conakry* wissen: »Guinea zieht Armut in Freiheit dem Reichtum in Sklaverei vor.«

Dieses Bekenntnis wollte einen Schlußstrich unter die koloniale Vergangenheit setzen und einen Neuanfang unter nationalen Vorzeichen wagen.

Sékou Touré entschied sich dabei für den nicht-kapitalistischen Weg. Das war der erste Grundsatz dessen, was er »la révolution guinéenne« zu nennen pflegt. Diese Entscheidung war weniger aus philosophischen oder den afrikanischen Traditionen verhafteten Überlegungen getroffen worden als vielmehr aus dem Glauben, nur auf diese Weise die Unabhängigkeit seines Landes von den imperialistischen Einflüssen verwirklichen zu kön-

---

[16] So der Finanzminister *Guineas* am 21. 4. 1970 bei der Finanz- und Wirtschaftsministerkonferenz der *Senegal*-Anrainer-Staaten. *Radio Conakry*, 22. 4. 1970, nach *Deutsche Welle*, Monitor-Dienst, 23. 4. 1970.

nen. Deshalb war in seinen Augen auch eine supranationale wirtschaftliche und politische Basis die Vorbedingung für das Gelingen der Revolution. Panafrikanismus in diesem Sinne war daher sein zweiter Grundsatz. Nimmt man noch den dritten, die nationale Währung, hinzu, so ist das Wesentliche seiner politischen Konzeption erfaßt: Nationale und kontinentale Unabhängigkeit auf der Basis des gemeinsamen Kampfes eines vereinigten Afrika gegen jede Form von Neokolonialismus und Ausbeutung.

Diese Grundoption hat seither das politische Geschehen in *Guinea* begleitet und in konsequenter Anwendung dem Politischen den Primat vor allen anderen Bereichen des öffentlichen Lebens zuerkannt.

2. *Innenpolitische Zielsetzungen*

Die innenpolitische Zielsetzung *Sékou Tourés* ist an einem weitgefaßten Ideal der Sozialisierung orientiert. Dieses war ursprünglich nicht eine Parteinahme für ein bestimmtes gesellschaftliches Modell oder eine bestimmte Ideologie. Es war aber eine grundsätzliche Entscheidung für den »nicht-kapitalistischen Weg«, d. h. gegen jede Form von Ausbeutung des Menschen durch den Menschen, wobei für *Sékou Touré* Kapitalismus und Ausbeutung Synonyme darstellen: »L'objectif suprême de la révolution guinéenne est le bonheur pour tous par la liquidation de toutes les pratiques d'exploitation de l'homme par l'homme.«[17]

Diese noch recht vage Vorstellung, die sich wie ein roter Faden durch alle Bereiche des politischen Geschehens in Guinea hindurchzieht, war in *Sékou Tourés* Augen der eigene Versuch einer nationalen Entwicklung, »une tentative nouvelle de développement socialiste à partir des réalités paysannes«[18].

Der damit eingeschlagene »nicht-kapitalistische« Weg prägte sich vor allem in einer sich ständig verschärfenden Frontstellung gegen ein aufsteigendes nationales Kleinbürgertum aus, dessen Einflußmöglichkeiten und Machtinstrumente genau überwacht und empfindlich beschnitten wurden, und in der Ausschaltung ausländischer Handelsgesellschaften und ihres Kapitalinteresses.

Die Einrichtung des staatlichen Außenhandelsmonopols und die Über-

---

[17] *A. S. Touré, Au nom de la Révolution. Conférences hebdomadaires* (s. Bibliographie), S. 309.
[18] Rapport au congrès du PDG, 27.–31. 12. 1962. Nach: *Suret-Canale*, a. a. O., S. 178.

nahme des Binnenhandels durch staatliche Organe[19], die Währungsreform, die Nationalisierung der Banken und das Verbot der Diamantenschürfung durch private Hand[20] waren ebenfalls als derartige Schritte auf dem Wege zur Beseitigung von Ausbeutung und Privatinteresse gedacht.
Hatte sich die guineische Revolution zunächst unter das Motto »démocratie nationale«[21] gestellt – mit besonderer außenpolitischer Härte gegen die Feinde der nationalen Unabhängigkeit –, so vollzog sich auf dem 8. Nationalkongreß des *Parti Démocratique de Guinée* (September/Oktober 1967) eine bedeutungsvolle Wende: »Une rigueur socialiste devient la caractéristique de la ligne interne de la révolution... La Révolution se radicalise«[22]. Damit rückte das Kleinbürgertum zum Klassenfeind auf, den es zu entlarven und auszuschalten galt[23]. Der Klassenkampf, vorher als für Afrika irrelevant und inexistent abgetan, wurde zum innenpolitischen Schwerpunkt: »Aujourd'hui, nous entendons rendre systématique cette organisation de la lutte dans tous les domaines de la vie du Peuple afin qu'il soit donné à chacun, à tout moment et en tout lieu, de distinguer qui est son vrai frère, et qui est son ennemi«[24]. Die guineische Revolution hatte sich in ihrem Selbstverständnis eindeutig charakterisiert und unmißverständlich zum Sozialismus bekannt.
Die Proklamation der Kulturrevolution am 2. August 1968 verfestigte dann nur noch die Entscheidung des Vorjahres. Seitdem ist das gesamte innenpolitische Geschehen in bewußter Absetzung von der Geschichte früherer Zeiten nicht mehr an der »ligne de l'élite« ausgerichtet, sondern an der »ligne de la masse«, am »Volk«: »La transformation révolution-

---

[19] Das entscheidende guineische »Loi cadre« vom 8. 11. 1964 verfügte u. a. die Wiederherstellung des staatlichen Außenhandelsmonopols, die Einziehung aller privaten Handelskonzessionen und ihre Neuausgabe unter erschwerten Bedingungen sowie die Schaffung von »Vermögenskontrollkommissionen«.
[20] Mit der Nationalisierung der Diamantenproduktion am 1. 3. 1961 wurde der private Abbau untersagt. Von Oktober 1963 bis zur Loi Cadre von 1964 wieder erlaubt, wurde er im Jahre 1969 erneut freigegeben. *Suret-Canale*, a. a. O., S. 305–306.
[21] »La démocratie nationale est une démocratie où la souveraineté populaire définit l'intérêt général, sans exclusive sur aucune couche sociale, de ce fait cet intérêt devient national.« *A. S. Touré*, Au nom de la Révolution. Conférences hebdomadaires, S. 252.
[22] *A. S. Touré*, La Révolution culturelle. Bd. XVII (s. Bibliographie), S. 149.
[23] Im März 1968 teilte *Sékou Touré* erstmals die guineische Gesellschaft in Klassen oder »soziale Kategorien« ein, wobei die Händler, abgesehen von den ambulanten Kleinhändlern – den »dioulas« – durchweg als Konterrevolutionäre abgetan wurden. *Horoya*, Nr. 1425 (17./18. 3. 1968), nach *Voß*, a. a. O., S. 21.
[24] *A. S. Touré*, La Révolution culturelle. Bd. XVII, a. a. O., S. 150.

naire de la Société Africaine sera l'œuvre du peuple pour le peuple, ou ne sera pas«[25]. »Le socialisme, c'est la production des biens par le peuple et pour le peuple souverain; c'est la maîtrise de toutes les techniques par le peuple«[26]. Allerdings verläßt die Kulturrevolution dann den Boden der Wirklichkeit und löst sich in mystischer Schwärmerei auf, wenn sie von sich selbst sagt: »Nous abordons avec l'époque actuelle l'une des phases historiques les plus enivrantes de l'humanité: le Peuple, tout le Peuple, s'empare du Pouvoir scientifique! le Peuple, tel Prométhée, s'empare du feu!«[27].
Diese Ideologie mußte in das Volk eingehämmert werden, wenn die ehrgeizigen politischen und wirtschaftlichen Ziele erreicht werden, wenn die Revolution zum Siege kommen sollte: Das Volk mußte politisiert werden. Als Mittel auf diesem Wege ist das Vorgehen gegen das aufstrebende nationale Kleinbürgertum anzusehen: seine Verdächtigung beim sogenannten »Händlerkomplott« von 1960, seine Entmachtung durch das Loi-Cadre und sein Aufrücken zum Klassenfeind in den Jahren 1967/68. Dieselbe Funktion hatte die Theorie und die geradezu institutionalisierte Beschwörung des »complot permanent«[28]. Ebenso sind der große Schauprozeß vom Januar letzten Jahres und die anschließenden Verfahren der Selbstkritik auf den Wellen von *Radio Conakry* als verfeinerte Weise der politischen Bewußtseinsbildung zu verstehen, derer das Regime zu seiner Festigung bedarf. Dazu bemüht es auch das Schreckgespenst der Konterrevolution, die nach den Worten *Sékou Tourés* die Energie und den Mut der Volksmassen in schöpferischer Aktion speist: »Konterrevolution ist der Gehilfe der Revolution«[29].
Auf der anderen Seite hat das innenpolitische Vorgehen der Regierung durch die Gleichschaltung der Verbände und Institutionen (Gewerkschaf-

---

[25] A. a. O., S. 62.
[26] A. a. O., S. 69.
[27] A. a. O., S. 167.
[28] Siehe etwa »Le complot permanent«, in: *A. S. Touré*, Défendre la Révolution Bd. XV (1967), S. 24 ff. – Siehe auch die nicht abreißende Kette angeblicher oder tatsächlicher Komplotte gegen *Guinea* und seinen Präsidenten: 1960 wurde ein Komplott der Händler aufgedeckt, 1961 ein Komplott der Lehrer unter angeblicher Beteiligung des sowjetischen Botschafters; 1965 wurden *Frankreich* und die Länder des »Conseil de l'Entente« eines Umsturzversuches bezichtigt; 1968 kündigte *Radio Conakry* die Festnahme ausländischer Söldner an. 1969 deckte der Staatspräsident ein gegen ihn gerichtetes Militärkomplott auf. Im Februar 1970 beschuldigte er erneut *Frankreich* und die *Elfenbeinküste* konspiratorischer Umtriebe. Schließlich nimmt die Alarmierung der Weltöffentlichkeit seit der Invasion *Guineas* vom 22. 11. 1970 kein Ende mehr.
[29] *A. S. Touré*, Le Pouvoir Populaire. Bd. XVI (1968), S. 120.

ten, Jugendorganisationen, privates Schulwesen) sowie der politischen Gruppierungen, durch die Einführung einer mit der Armee konkurrierenden Miliz sowie durch die zunehmende Durchdringung des öffentlichen Lebens mit der Einheitspartei und ihrer Ideologie viele Menschen in die innere und äußere Emigration getrieben[30].

Die staatliche Planwirtschaft hat zudem ein innenpolitisches Problem von großer Tragweite für die Zukunft des Landes heraufbeschworen: Ein wachsendes Desinteresse großer Bevölkerungsteile am eigenen Staat, das sich in einem florierenden Schwarzmarkt und in der Rückkehr zur landwirtschaftlichen Subsistenzwirtschaft manifestiert[31] sowie in illegalen Exportgeschäften mit Konsumgütern in Nachbarländer, deren Preisniveau über dem staatlich fixierten Guineas liegt.

3. Wirtschaftspolitische Optionen

Die Wirtschaftspolitik *Guineas* ist überwiegend von politischen Erwägungen diktiert, ohne Orientierung an den Markt- und Preisstrukturen des Welthandels und ohne Rücksicht auf grundlegende wirtschaftliche Gesetzmäßigkeiten. Den Entwicklungsplänen ist primär die Aufgabe zugedacht, das Land durch den Ausbau der eigenen landwirtschaftlichen Produktion und durch den Aufbau einer exportintensiven Industrie aus den alten Abhängigkeitsverhältnissen zu lösen und es so zu einer eigenständigen nationalen Existenz zu befähigen. Der Außenhandel als entscheidender Wirtschaftsfaktor ging deshalb im Jahre 1960 in die Hände des Staates über, und der gesamte Binnenhandel wurde im Anschluß daran der staatlichen Kontrolle unterworfen.

Ungeachtet der unübersehbaren wirtschaftlichen Folgen, die sich aus der Inkonvertibilität einer eigenen Währung ergaben, schuf *Guinea* dann am 1. März 1960 den guineischen Franc, um durch das Ausscheren aus der Franc-Zone den Fluktuationen und Einflußmöglichkeiten des kapitalistischen Markt- und Währungssystems zu entgehen und den Kapitaltransfer in das kapitalistische Ausland zu bremsen. In blinder Überschätzung der eigenen Möglichkeiten wurde dabei die nationale Währung mystifiziert und zum Unabhängigkeitssymbol erhoben: »Un pays qui ne contrôle pas sa monnaie ou l'émission de celle-ci, n'est pas indépendant ... La monnaie

---

[30] Die Zahl der guineischen Emigranten wird von regimefeindlichen Kreisen mit etwa 800 000 angegeben, davon fast 500 000 im *Senegal* und 250 000 in der *Elfenbeinküste*. Le Monde, 1. 10. 1971.
[31] So sank die Kommerzialisierung der nationalen Reisproduktion in den Jahren nach 1960 zur Bedeutungslosigkeit herab. *Suret-Canale*, a. a. O., S. 230.

guinéenne est l'expression de notre volonté de développement, de notre volonté de soustraire notre pays à l'influence nocive de la volonté étrangère«[32].

Die Nichtkonvertierbarkeit des guineischen Francs und ein drückender Devisenmangel haben in der Folge die Wachstumsquote der guineischen Wirtschaft entscheidend beeinträchtigt und unter anderem ganze Wirtschaftszweige, vor allem die Diamanten- und Verarbeitungsindustrie, lahmgelegt.

Ein zweiter, vielleicht noch fundamentalerer Sachverhalt, belastet Guineas Wirtschaftspolitik: Sie ist nach planwirtschaftlichen und marxistischen Gesetzmäßigkeiten konzipiert, baut aber fast ausschließlich auf kapitalistischen Finanzzusagen und privaten Investitionen auf. Überdies stellen westliche Konzerne den Hauptabnehmer der guineischen Aluminiumproduktion dar. Dieser Widerspruch zwischen den strukturellen Erfordernissen der Planwirtschaft auf der einen und der freien Marktwirtschaft auf der anderen Seite, ist wahrscheinlich eine der tiefsten Ursachen der stockenden und oft genug rückschrittlichen Entwicklung Guineas[33]. *Sékou Touré* kann sich ihnen jedoch solange nicht entziehen, wie er bewußt politischen Postulaten die Priorität vor wirtschaftlichen Gesetzmäßigkeiten zugesteht[34].

4. *Sékou Tourés Außenpolitik*

Die Außenpolitik *Guineas* basiert auf dem sogenannten »positiven Neutralismus«. Dieser besagt nach offizieller Deutung nicht etwa »Gleichgültigkeit gegenüber den Problemen des Kolonialismus, des Neokolonialismus und des Weltfriedens, sondern er bringt das Bestreben Guineas zum Ausdruck, mit allen Ländern, die seine und des ganzen afrikanischen Kontinents Souveränität und Interessen achten, loyal zusammenzuarbeiten und keinem der antagonistischen Blöcke beizutreten«[35].

---

[32] *A. S. Touré*, L'Afrique et la Révolution. Bd. XIII, S. 335.
[33] Siehe dazu: Le Moniteur Africain du Commerce et de l'Industrie. Nr. 409 (31. 7. 1969).
[34] Auch *Samir Anim* führt das Scheitern der guineischen Wirtschaftspolitik auf den Primat des Politischen zurück. Er schreibt: »L'échec ... doit être attribué à une prise de conscience insuffisante qui a fait trop donner la priorité au politique – souvent verbal – sur l'économique.« Trois expériences africaines de développement: Le Mali, la Guinée et la Ghana (s. Bibliographie), S. 226.
[35] *A. S. Touré*, Au nom de la Révolution. Conférences hebdomadaires. Bd. IX, S. 311.

Diese allgemeine Grundsatzerklärung wird spezifiziert in drei konkreten Zielvorstellungen:
- »totale und bedingungslose Freiheit Afrikas sowie Widerstand gegen jede fremde Einmischung oder Herrschaft;
- reale und effektive Einheit Afrikas auf der Basis völliger Unabhängigkeit, d. h. Abbau aller künstlichen Barrieren, die durch fremde Herrschaft zwischen den Völkern Afrikas errichtet wurden;
- aktive Teilnahme Afrikas am universellen Geschehen, als unabhängige menschliche Gemeinschaft mit eigenen Werten und mit dem Ehrgeiz, einen eigenen Beitrag zur Geschichte der Menschheit zu leisten«[36].

Dabei sticht das Bestehen auf der Unabhängigkeit hervor, deren Behauptung seit dem Nein zu *de Gaulles* »Communauté« tatsächlich im Mittelpunkt des innen- und außenpolitischen Interesses steht.

Die außenpolitische Geschichte *Guineas* begann mit der Entscheidung für die unmittelbare Unabhängigkeit und der Reaktion des französischen Regierungschefs. *Paris* begann einen »regelrechten kalten Kleinkrieg der Schikanen und Nadelstiche«[37] gegen *Guinea*, zog sein Personal aus dem Land zurück und leitete eine politische Isolierung der jungen Republik ein. *De Gaulles* abweisendes Verhalten gegenüber allen Annäherungsversuchen aus *Conakry* gipfelte in der öffentlichen Erklärung, er »beobachte die Tendenzen in Guinea und besonders dessen Möglichkeit, als ein Staat zu agieren, falls sich dort endgültig einer bilden sollte«[38].

Ob *de Gaulles Vorgehen* vornehmlich einer persönlichen Verbitterung entsprang oder ob er mit einer exemplarischen »Bestrafung« *Conakrys* allen anderen französischen Kolonien eine Warnung verpassen wollte, bleibe dahingestellt. Jedenfalls hat er das Weiße Haus wissen lassen, Paris werde im Falle einer diplomatischen Anerkennung *Guineas* seine NATO-Mitgliedschaft überprüfen[39]. *Eisenhower* ließ sich von der Entschlossenheit des Generals beeindrucken und sandte erst dann einen Botschafter nach *Conakry,* als die anderen westlichen Verbündeten *Guinea* längst anerkannt hatten: im Juli 1959[40]. Auch das guineische Ersuchen um amerikanische

---
[36] A. a. O., S. 312–313.
[37] *Franz Ansprenger*, Politik im schwarzen Afrika, S. 298.
[38] Pressekonferenz vom 23. 10. 1958. Zitiert nach *Ansprenger,* a. a. O., S. 298. Hier ist auch der Wortlaut der für *Guinea* demütigenden Telegramme aus dem Elysée-Palast und aus dem französischen Überseeministerium nachzulesen.
[39] Vgl. *A. M. Schlesinger,* A Thousand Days: J. F. Kennedy in the White House (s. Bibliographie), S. 523.
[40] Bis Ende 1958 hatten insgesamt 60 Staaten *Guinea* anerkannt, darunter die *USA,* die *UdSSR* und *Großbritannien,* die beiden *China,* die *BRD* und die *DDR* sowie die afro-asiatischen Nationen.

Wirtschaftshilfe wurde negativ beschieden, selbst dann noch, als Botschafter *John H. Morrow* schon im Lande war. Inzwischen hatten die *Sowjets* nämlich den ersten Dreijahresplan *Guineas* miterstellt und vor allem mitfinanziert. In den *Vereinigten Staaten* herrschte daraufhin die sicher von *de Gaulle* geförderte Überzeugung vor, *Guinea* sei für den Westen verloren.

Eine Wende kam erst mit dem stärkeren Afrika-Interesse des neuen amerikanischen Präsidenten *John F. Kennedy,* der in *Sékou Touré* in erster Linie einen Nationalisten sah und der sich nicht scheute, *de Gaulles* Guinea-Politik zuwiderzuhandeln. *Kennedy* leitete sogleich ein intensives wirtschaftliches Hilfsprogramm ein und knüpfte persönliche Bande mit dem Mann, »who had said no to de Gaulle«[41].

Damit war die Isolierung und Hinwendung *Guineas* zum Ostblock zunächst gestoppt. *Sékou Touré* verband schließlich eine derartige Freundschaft mit *Kennedy*[42], daß er die USA in der *Kuba*-Krise unterstützte und den *sowjetischen* Transportmaschinen das Auftanken in *Conakry* untersagte. Das war im Herbst 1962. Noch im April des Vorjahres hatte *Sékou Touré* den Lenin-Friedenspreis entgegengenommen und im Anschluß an das mißglückte US-Unternehmen in der kubanischen Schweinebucht *Fidel Castro* die guineische Solidarität beteuert. Außerdem war die guineisch-sowjetische Freundschaft bei einem Besuch des sowjetischen Staatsoberhauptes in *Conakry* im April 1961 beschworen worden.

Hatte *Kennedy* die Isolierung *Guineas* im Westen endgültig durchbrochen, so war *Sékou Touré* persönlich an der plötzlichen Distanzierung vom Osten nicht unbeteiligt: Er ließ den *sowjetischen* Botschafter *Solod* Ende 1961 wegen angeblicher Verwicklung in das sogenannte Lehrerkomplott des Landes verweisen[43]. Ob die folgende stärkere Bindung an die *USA* mit deren entscheidender Beteiligung am Siebenjahresplan auf die persönliche Freundschaft *Kennedy-Sékou Touré* oder auf eine sich ausbreitende Unzufriedenheit mit den russischen Lieferungen zurückzuführen ist, kann im einzelnen nicht ausgemacht werden. Sicher aber scheint, daß die *Sowjets* ihrerseits die prinzipielle Blockfreiheit *Guineas* mit Enttäuschung zur Kenntnis nahmen und mit wirtschaftlichem Disengagement quittierten. Die umgekehrte Reaktion setzte in den Jahren 1965/66 ein: Innenpolitische Schwierigkeiten bewogen den guineischen Staatschef, nacheinander *Paris, London* und *Washington* herauszufordern. Die Beziehungen zu

---

[41] *A. M. Schlesinger,* a. a. O., S. 524.
[42] Nach *Kennedys* Ermordung erklärte er: »I have lost my only true friend in the outside world.« A. M. *Schlesinger,* a. a. O., S. 538.
[43] Näheres bei *Voß,* a. a. O., S. 10–13.

Paris waren immer gespannt gewesen. Der französische Staatspräsident hatte alle guineischen Annäherungsversuche zurückgewiesen, bis er im Jahre 1963, wahrscheinlich unter dem Druck der wachsenden amerikanischen Präsenz in *Conakry*, einem Finanzvertrag zustimmte, der die unterbrochenen französischen Kriegsrentenzahlungen sowie eine guineische Entschädigung für verstaatlichten französischen Besitz regeln sollte. Bezeichnenderweise wurde der schon unterzeichnete Vertrag nach der Ermordung *Kennedys* jedoch wieder ausgesetzt[44]. *Conakry* mußte erneut den Tribut für seine Abwendung von *Frankreich* entrichten.

Im Oktober 1965 bezichtigte der guineische Regierungschef dann die französischen Minister *Louis Jacquinot* und *Raymond Triboulet* der Konspiration gegen seine Person, was von Paris mit der sofortigen Schließung der Botschaft beantwortet wurde.

Ebenso handelte *London*, als *Guinea* den Boykottbeschluß der *OAU* in der *Rhodesienfrage* befolgte.

Immer noch im Jahre 1965 verärgerte *Sékou Touré* auch die *Vereinigten Staaten:* Auf einer Moskaureise unterzeichnete er eine scharfe Erklärung gegen die *amerikanische Vietnampolitik*. Im folgenden Jahre machte er dann die *USA* für die Festsetzung einer guineischen *OAU*-Delegation in *Accra* verantwortlich, nahm *persönlich* an einer anti-amerikanischen Demonstration teil, wies die amerikanischen Peace-Corps-Helfer aus und stellte den US-Botschafter vorübergehend unter Hausarrest.

Die Beziehungen zu *Paris* wurden im Laufe des Jahres 1970 wieder enger und ließen eine baldige Wiedereröffnung der Botschaften erwarten, als *Conakry* den französischen Staatssekretär für afrikanische Angelegenheiten, *Jacques Foccart*, formell der Komplizenschaft in der November-Invasion beschuldigte.

Im Januar 1971 brach *Conakry* schließlich trotz eines enormen wirtschaftlichen Engagements der *BRD*, vielleicht auch wegen dieses Engagements und der entsprechend hohen Verschuldung gegenüber Bonn (ca. 150 Millionen DM), die Beziehungen zur *Bundesrepublik* ab. Vielleicht hat Bonn dabei allerdings nur als Sündenbock gedient; denn »die Risiken, mit Moskau oder Washington neuen Streit zu suchen, wären zu groß gewesen«[45]. Irgendeine imperialistische Macht mußte aber zur inneren Konsolidierung abgeurteilt werden[46].

---

[44] Klaus *Naether*, Guinea: 10 Jahre Stabilität in der Misere, weist auf eine entsprechende Äußerung des amerikanischen Geschäftsträgers in Conakry hin.
[45] *Internationales Afrikaforum* (s. Bibliographie), VII. 2 (Februar 1971), S. 91.
[46] Ob die *DDR* für die Anschuldigungen *Bonns* mitverantwortlich ist, ist in diesem Zusammenhang irrelevant.

Inzwischen hat eine wahre Xenophobie das Land überzogen, von der jedoch die Amerikaner bezeichnenderweise ausgenommen scheinen.
Diese beispiellos wechselvolle diplomatische Geschichte *Guineas* ist sicher zu einem Teil die Geschichte einer »Diplomatie ohne Diplomaten«[47] und eine Geschichte persönlicher Reminiszenzen und Animositäten. Aber sie ist in noch stärkerem Maße die Geschichte eines Landes, das trotz aller Vorentscheidung für die Ablehnung des kapitalistischen Weges die Blockfreiheit zum politischen Glaubensbekenntnis erhoben hat und diese unter dem Druck der französischen »Dekolonisations«-Politik in einen militanten Anti-Imperialismus umschlagen ließ.
Von daher wurde und wird *Guinea* in die Arme des jeweils großzügigeren Kapitalgebers getrieben, so daß *Claude Rivière* etwa vom guineisch-amerikanischen Verhältnis sagen konnte: »Les vagues d'américanisme comme d'anti-américanisme ont en Guinée des lueurs d'aluminium«[48].

5. Die innerafrikanische Politik

Sékou Tourés innerafrikanische Politik wird von zwei Faktoren getragen: dem Anti-Imperialismus und dem Bemühen um eine afrikanische Einigung. Beides gehört für den guineischen Staatspräsidenten zusammen, wie noch aus einer Botschaft an den 5. Nationalkongreß der demokratischen Partei der *Elfenbeinküste* vom Herbst 1970 hervorgeht: »Die Völker Afrikas werden den Imperialismus nur besiegen, wenn sie sich einigen. In der gegenwärtigen Phase des Kampfes der Völker Afrikas liegt der grundlegende und notwendigerweise unüberbrückbare Gegensatz zwischen uns (= den Brudervölkern Guineas und der Elfenbeinküste) und den imperialistischen Mächten. Das Ausland tut alles, um uns zu trennen und zu schwächen. Unser ganzer Haß müßte sich gegen diese Mächte wenden, weil sie uns ausbeuten, unterdrücken und in ständiger Abhängigkeit halten wollen. Gegen sie müssen wir uns einigen, um sie zertreten zu können«[49].
In konsequenter Anwendung dieses Prinzips kämpft *Sékou Touré* um eine afrikanische Einigung, schlägt aber jede Zusammenarbeit mit »neokolonialistischen« Ländern sowie mit Organisationen, die in irgendeiner Weise mit dem Imperialismus liiert sind, aus. Daher die stets neu angefachte Feindschaft mit *Dakar* und *Abidjan*, mit *Senghor* und *Houphouet Boigny*, die mit den schlimmsten Schimpfnamen bedacht werden, die einem afrika-

---

[47] Klaus *Naether*, a. a. O.
[48] La politique étrangère de la Guinée (s. Bibliographie), S. 60.
[49] *Afrique Nouvelle* (s. Bibliographie), Nr. 1215 (19.–25. 11. 1970)

nischen Politiker widerfahren können: Helfershelfer des Imperialismus, »fidèle interprète du néo-colonialisme en Afrique«[50].
Leidenschaftliche Denunzierungen benachbarter Regierungen sind im übrigen bei *Sékou Touré* nichts Seltenes. Die Vorwürfe gegen die Länder des *Conseil de l'Entente (Obervolta, Dahomey, Niger, Elfenbeinküste, Togo),* sie bereiteten einen gewaltsamen Umsturz vor[51], und die Attacken gegen den *Senegal,* wo »Söldnereinheiten« in *Niokolo Koba* nahe der Grenze zu *Guinea* massiert würden[52], stellten dabei eine besondere Belastung innerafrikanischer Verständigung und Zusammenarbeit dar.
Militanter Antiimperalismus ist auch die Ursache der Feindschaft *Sékou Tourés* gegenüber der sogenannten »*Monrovia*-Gruppe«[53], die er als Geschöpf des Imperialismus hinstellte, das der Arbeit der *OAU* nur hinderlich sei[54]. Auch die »Organisation Commune Africaine et Malgache« (OCAM) hat *Sékou Touré* abgelehnt. Er ließ sich gar dazu hinreißen, sie »Organisation Contre l'Afrique en Marche« zu nennen, weil sie sich an kolonialen Strukturen orientiere[55]. Der »*Conseil de l'Entente*«, die »*Union Monétaire Ouest Africaine*« sowie eine mögliche Zusammenarbeit mit der EWG fielen ebenso unter sein politisches Verdikt.
Das Schicksal der »*Organisation des Etats Riverains du Sénégal*« (OERS) möge hier exemplarisch die Aussichten und die Bedingungen einer konkreten Zusammenarbeit auf regionaler Ebene beleuchten, wie sie sich durch *Sékou Tourés* Haltung dartun.
Im Oktober 1963 hatten sich die vier Senegal-Anrainer-Staaten *Senegal, Mauretanien, Mali* und *Guinea* auf eine Anregung aus *Dakar* zusammengefunden, um in einem »*Comité inter-Etats des pays riverains du fleuve Sénégal*« den gemeinsamen Wasserweg auszubauen. Über gelegentliche Gespräche der Fachminister kam dieses Komitee jedoch nicht hinaus, bis *Sékou Touré* am 29. Januar 1967 eine weitere Zusammenarbeit mit

---

[50] So in einem Interview mit dem britischen Fernsehen Visnews. *Le Monde,* 18. 5. 1971.
[51] Am 10. 11. 1965 meldete *Radio Conakry* die Aufdeckung einer Verschwörung *Frankreichs* und der Länder des *Conseil.* Im Februar 1970 wurden *Paris* und *Abidjan* erneut ähnlicher Machenschaften beschuldigt.
[52] Bei den »Söldnern« soll es sich in Wirklichkeit um guineische Flüchtlinge gehandelt haben, um »ganze Einheiten der guineischen Armee, insgesamt 3000 Mann, die die Wirren ausgenutzt und in den Senegal geflohen waren«. *Internationales Afrikaforum,* VII. 2 (Februar 1971), S. 92.
[53] *Tunesien, Äthiopien, Somalia, Kongo-Kinshasa, Sierra Leone, Liberia, Nigeria* und die Länder der *OCAM.*
[54] *A. S. Touré,* L'Afrique et la Révolution, S. 290–293.
[55] A. a. O., S. 313.

Senghor aufkündigte, solange dieser den französischen Interessen mehr diene als den afrikanischen.
Ein Jahr später, am 25. März 1968, kam es in *Labé (Guinea)* mit der Gründung der »*Organisation des Etats Riverains du Sénégal*« zu einem Neuanfang. *Sékou Touré* wurde ihr erster Präsident. Im Schlußwort der Gründungskonferenz erklärte er: »Nous nous sommes engagés, politiquement, à réaliser l'unité de nos peuples. Tout ce qui est contraire aux intérêts des quatre Etats doit désormais être écarté par chacun. Les citoyens du Sénégal, du Mali, de la Mauritanie et de la Guinée sont avant tout citoyens de l'*OERS*«[56].
Damit hatte die Organisation einen eminent politischen Charakter bekommen und darüber hinaus *Guinea* den Weg aus der Isolation zurückfinden lassen. Die Zusammenarbeit währte jedoch nicht lange: Der Sturz *Mobido Keitas* in *Bamako* verursachte eine schwere Krise, da *Sékou Touré* dem neuen Regime die Anerkennung verweigerte und die Gipfelkonferenz der *Senegal-Anrainer* vom März 1969 verschieben ließ. Wenn *Guinea* schließlich *Mali* gegenüber zurücksteckte, waren damit noch längst nicht die grundlegenden Schwierigkeiten aus dem Wege geräumt: die Ablehnung der »*Union Monétaire Ouest-Africaine*« und der »Francophonie« durch *Sékou Touré*.
Die Zusammenarbeit schien sich dennoch zu vertiefen, als eine eilig einberufene Konferenz der *OERS Guinea* nach der Invasion vom November 1970 die volle Unterstützung zusicherte. Aber *Sékou Touré* machte auch dieses Kapital zunichte, indem er die senegalesische Regierung zunächst anklagte, Söldner zu mobilisieren, und ihr dann als Verbrechen anlastete, daß sie die vom Revolutionstribunal verurteilten Exilguineer nicht ausliefere. Der alte Streit um die politischen Grundorientierungen war mit anderen Vorzeichen erneut aufgeflackert.
Die Folge war die Abberufung des *senegalesischen* Botschafters aus *Conakry* und die Ausweisung des *guineischen* Repräsentanten aus *Dakar*[57].
So ist bisher selbst die wirtschaftliche Zusammenarbeit auf regionaler Ebene, das Zusammenwirken an einem gemeinsamen Projekt, an dem Veto eines Staatspräsidenten gescheitert, der bestimmte politische Optionen zur »conditio sine qua non« jeder Kooperation macht.
In gesamtafrikanischer Perspektive hat der guineische Regierungschef sich zwar mit beredten Worten für die Verwirklichung eines »état continental

---

[56] *Le Monde*, 26. 3. 1968.
[57] Die *OERS* wurde durch den Austritt Senegals am 30. November 1971 als Antwort auf Guineas Boykottmaßnahmen aufgelöst.

africain« verwandt[58]; er gehörte als Mitglied der sogenannten *Casablanca-Gruppe*[59] auch zu den engagiertesten und radikalsten Vertretern der *OAU*. Für eine effektive Zusammenarbeit mit anderen Ländern fehlte bei seinem militanten Antiimperialismus aber die gemeinsame Basis. Wenn er Afrika in ein revolutionäres und ein konservatives Lager aufteilt und letzteres zu einer willfährigen Marionette des Imperialismus stempelt[60], ist eine ernsthafte innerafrikanische Zusammenarbeit von vornherein ausgeschlossen. Dennoch hat *Sékou Touré* zur Stärkung der anti-imperialistischen Front eine Föderation mit gleichorientierten Nachbarn angestrebt. Bereits im November 1958 legten *Guinea* und *Ghana* in einer Erklärung ein Unionsprogramm beider Länder vor. Im Juli 1959 folgte eine ähnliche Erklärung von *Guinea, Ghana* und *Liberia*, im Dezember des folgenden Jahres eine solche von *Guinea, Ghana* und *Mali*. Schließlich trug *Sékou Touré* im Jahre 1966 dem gestürzten *Nkrumah* die Kopräsidentschaft über *Guinea* an. Im März 1971 erfolgte sodann der Abschluß eines Verteidigungsbündnisses mit *Sierra Leone* und die Entsendung eines Truppenkontingentes nach *Freetown*.

Alle diese Versuche – der Verteidigungspakt mit *Siaka Stevens* hat seine Bewährungsprobe noch nicht bestanden – sind jedoch ohne konkrete Folgen geblieben. Sie dokumentieren den Anspruch eines progressistischen Staatspräsidenten und erklären eine Politik, die sich primär in der Behauptung der Unabhängigkeit und folgerichtig in der leidenschaftlichen Denunzierung jeder auswärtigen Einflußnahme artikuliert. Sein Verhältnis zu den Großmächten ist dabei ebenso symptomatisch wie das zu den Mitgliedern der *OAU* oder der *OERS*.

IV. Guineas Stellung im internationalen System

1. »Kommunistische« Phase: 1958–1961

Eine erste, »kommunistische« Phase (1958–1961) war durch die Umstände der Unabhängigkeit bedingt: Der Ostblock bot sich dem im Westen iso-

---

[58] So etwa in: L'Afrique et la Révolution, S. 280.
[59] *Marokko, VAR, Libyen, Algerien, Ghana, Mali, Guinea* und *Ceylon*.
[60] Etwa: L'indépendance et l'unité africaines, in: L'Afrique et la Révolution, S. 261–286. Es heißt dort u. a.: »Un nouvel antagonisme prend forme, c'est celui qui oppose les régimes révolutionnaires aux régimes conservateurs, l'anti-impérialisme actif à l'impérialisme, les intérêts des peuples aux intérêts du capital étranger soutenus par la veulerie de gouvernements inconscients ou vendus aux impérialistes«, S. 285.

lierten *Guinea* als erster Handels- und Investitionspartner an. Die Guinea-Politik der *UdSSR* trug dabei wohl einen ebenso prononciert »exemplarischen« Charakter wie die *Frankreichs*, nur mit umgekehrten Vorzeichen. Das wirtschaftliche Übergewicht der Entwicklungshilfe aus dem Ostblock war im Rahmen des Dreijahresplanes eindeutig, wie aus folgender Zusammenstellung hervorgeht[61]:

Ausländische Entwicklungshilfe im Dreijahresplan

Geberland	Gesamtbetrag Mrd. F.G.	%	Laufzeit Jahre	Zinssatz % p. a.
Sowjetunion	18,543	40,5	12	2,5
Ghana	6,910	15,2	10	2,5
China (Volksrepublik)	6,128	13,8	20	0
Bundesrepublik Deutschland	3,988 *	8,7	–	–
Tschechoslowakei	2,570	5,6	5	2,5
Vereinigte Staaten	2,434	5,3	–**	4,0
Jugoslawien	1,976	4,3	5–8	3,0
Polen	0,988	2,2	5	2,5
DDR	0,633	1,4	5	2,5
Ungarn	0,618	1,4	4	2,5
Marokko	0,500 *	1,1	–	–
Bulgarien	0,494 *	1,1	–	–
Insgesamt	45,782	100		

* Verlorene Zuschüsse ** Keine Angaben

Zählt man in dieser Aufstellung *Ghana* zu den sozialistischen Ländern, so ergibt sich ein Anteil von rund 85 Prozent an den Auslandskrediten. Ein ähnlich überlastiges Bild ergibt sich bei der Betrachtung der zweiseitigen Verträge zwischen Guinea und dem Ausland[62]:

	1958	1959	1960	1961	1962	Summe
Westliche Länder	–	8	5	3	11	27
Östliche Länder	8	14	26	27	19	94
Afrikanische Länder	1	1	5	9	17	33
Andere	–	–	2	–	5	7

---

[61] *Statistisches Bundesamt Wiesbaden.* Länderberichte: Guinea.
[62] *Claude Rivière*, a. a. O., S. 45.

Einsicht in die Mängel des Planes, Enttäuschung über unzureichende und den Bedürfnissen *Guineas* wenig angepaßte Lieferungen der *UdSSR* sowie Verärgerung über eine recht unverhüllte politische Propaganda der sowjetischen Botschaft führten, zusammen mit dem sogenannten Lehrerkomplott von 1961, schließlich zur Ausweisung des sowjetischen Botschafters *Solod* und zu einer raschen Annäherung an die *USA*.

2. *»Amerikanische« Phase: 1962–1965*

In der Folge ließ Guinea in einer zweiten, »amerikanischen«, Phase (1962–1965) den Einfluß der *USA* und des *Westens* bestimmend werden. Herausragende Ereignisse waren der Besuch *Sékou Tourés* in *Washington* und *London* sowie seine Freundschaft mit *Kennedy*, die sich in der *Kuba-Krise* so eindrucksvoll bewähren sollte.

Die Wirtschaftshilfe der *USA* stieg in diesen Jahren von rund 4 Millionen Dollar vor 1962 auf: 1962: 11,242 Millionen Dollar; 1963: 14,568 Millionen Dollar; 1964: 21,690 Millionen Dollar; 1965: 24,447 Millionen Dollar[63].

Im gleichen Zeitraum ging der Handelsverkehr mit der *UdSSR* im Importgeschäft wesentlich zurück: 1961: 24,5 Millionen Rubel; 1962: 18 Millionen Rubel; 1963: 12,7 Millionen Rubel.

Der Export in die Sowjetunion umfaßte 1960: 2,0 Millionen Rubel; 1961: 3,8 Millionen Rubel; 1962: 2,4 Millionen Rubel; 1963: 2,1 Millionen Rubel[64].

In diesen Zeitraum fallen ferner verschiedene Abkommen mit *Frankreich* über technische und kommerzielle Zusammenarbeit, eine wachsende wirtschaftliche Hilfe der *BRD* (Ende 1965 belief sich die Summe der öffentlichen und privaten Leistungen auf 84,856 Millionen DM)[65], die Gründung der *OAU* sowie des *»Comité inter-Etats des pays riverains du fleuve Sénégal«*.

3. *Die radikalisierte Revolution als Schritt in die Isolierung: 1965–1967*

Das Jahr 1965 leitete eine dritte Phase, die des sich verschärfenden Radikalismus und der zunehmenden Isolierung *Guineas* ein.

---

[63] Angaben der amerikanischen Botschaft in *Conakry*. Zitiert nach *Joachim Voß*, a. a. O., S. 238.
[64] *Internationales Afrikaforum* I. 3 (März 1965), S. 7.
[65] *Statistisches Bundesamt Wiesbaden.* Länderberichte: Guinea, 1967. S. 59.

Im Februar 1965 entstand die *OCAM*[66]. Die Länder des früheren *Französisch-West-* und *Französisch-Äquatorial-Afrika* hatten, gemeinsam mit *Madagaskar, Togo, Kamerun,* jedoch ohne *Guinea* und *Mali,* eine gemeinsame Organisation geschaffen, die sich an den früheren französischen überregionalen Verwaltungseinheiten orientierte und eine intensivere Zusammenarbeit und Solidarität untereinander und mit *Frankreich* ermöglichen sollte. *Sékou Touré* hat diese Organisation wegen ihrer »neo-kolonialistischen« Tendenzen abgelehnt und scharf kritisiert, ohne zu merken, daß hier ein arbeitsfähiger Organismus im Entstehen war, dessen wirtschaftliche Kapazitäten beachtenswert werden sollten und der einen gewichtigen Gegenpol zur revolutionären Gruppe innerhalb der *OAU* bilden würde. Als im Juni desselben Jahres mit *Ben Bella* eine treibende Kraft des radikalen Flügels in der *OAU* von der politischen Bühne verschwand, hatte sich ein neues Schwergewicht in Afrika gebildet: die Gruppe der »Gemäßigten«, derer, die mit den alten Kolonialmächten zu kooperieren bereit waren. *Sékou Touré* hatte in Afrika politisch und persönlich an Gewicht verloren.

Innenpolitisch war es schon im November des Vorjahres (Loi-Cadre vom 8. November 1964) zu einer scharfen Abrechnung mit kleinbürgerlichen Fraktionen gekommen. Im Oktober 1965 nun erfolgte deren Gegenzug: der Versuch, eine Oppositionspartei zu gründen. *Sékou Touré* mobilisierte die Öffentlichkeit, indem er hinter seinen Opponenten ausländische Drahtzieher denunzierte. Er behauptete, das Komplott gehe nachweisbar auf einen Plan zurück, den die Staatspräsidenten *Houphouet-Boigny, Hamani Diori (Niger)* und *Maurice Yameogo (Obervolta)* im Juli 1965 in *Paris* gefaßt und mit Hilfe zweier französischer Minister und der Botschaft in *Conakry* durchgeführt hätten[67].

Damit hatten sich außen- und innenpolitische Schwierigkeiten zusammengefunden, und *Sékou Touré* versuchte nun, durch eine spektakuläre Distanzierung vom Westen seinen Ruf als Vorkämpfer afrikanischer Unabhängigkeit zu retten und gleichzeitig die internen Schwierigkeiten zu überspielen: Er forderte *Paris* in schockierender Weise heraus, indem er den französischen Botschafter vor die Alternative stellte, die Beschuldigungen gegen Frankreich vor dem versammelten diplomatischen Corps persönlich mit anzuhören oder auf der Stelle das Land zu verlassen. Er befolgte ferner den Boykottaufruf der *OAU* in der *Rhodesienfrage* und

---

[66] Ihr Vorläufer, die *Afrikanisch-Madegassische Organisation für wirtschaftliche Zusammenarbeit (OAMCE)* war schon im März 1961 gegründet worden.
[67] *Horoya,* Nr. 776 (26. 11. 1965).

unterzeichnete in *Moskau* eine scharfe *Vietnamresolution*. *London* und *Paris* brachen die Beziehungen zu *Conakry* ab. *Ouagadougou, Niamey* und *Abidjan* wiesen die Anschuldigungen entrüstet zurück. Drei Monate später, am 24. Februar 1966, wurde ein weiterer Wortführer des Antiimperialismus gestürzt: *Kwame Nkrumah*. *Sékou Touré* bot ihm demonstrativ Asyl und Kopräsidentschaft in *Guinea* an, machte den Imperialismus, vor allem die *USA*, für den Staatsstreich verantwortlich und kündigte schließlich die Invasion *Ghanas* an. Dieser Schritt war das entscheidende Element, das *Guinea* in Westafrika vollends isolierte: Die *Elfenbeinküste*, als Durchzugsland einer solchen Unternehmung, versicherte sich sofort der militärischen Hilfe *Frankreichs* und der Staaten des *Conseil de l'Entente*. Außerdem formierten sich im *Senegal*, in der *Elfenbeinküste*, in *Dahomey* und in *Frankreich* Oppositionsgruppen gegen den guineischen Staatschef. *Abidjan* forderte im Mai 1966 gar die *Westmächte* auf, ihre Hilfe an *Guinea* einzustellen: »Nous sommes certains d'accomplir notre devoir, un devoir somme toute d'humanité, quand nous prenons la parole pour dire aujourd'hui aux ›occidentaux‹ qu'ils ont trop tendance à se laisser séduire par les maîtres-chanteurs africains de l'espèce Sékou Touré«[68].

Die Spannungen führten so weit, daß eine guineische Delegation für die *OAU*-Konferenz bei ihrer Zwischenlandung in *Accra* am 19. Oktober 1966 aus einer Maschine der *PANAM* heraus verhaftet wurde[69]. Während die *ghanaische* Regierung von einer Vergeltungsmaßnahme für die Aufbringung eines Fischkutters durch *guineische* Streitkräfte sprach, gab *Conakry* den *USA* wegen deren juristischer Zuständigkeit die Schuld an dem Zwischenfall.

Den Hintergrund dieser Anschuldigung bildete eine Umorientierung der amerikanischen Auslandshilfe. *Washington* hatte *Conakry* im September von einer Reduzierung der Hilfe um etwa drei Viertel in Kenntnis gesetzt. Für das Haushaltsjahr 1966/67 (1. 7. 1966 bis 30. 6. 1967) sollten nach einer Presseerklärung der US-AID vom 28. August 1966 die finanziellen Leistungen der *USA* von 14 Millionen Dollar im Vorjahr auf 4,4 Millionen zusammengestrichen werden. Das »*Food for Peace*«-Programm sollte nach unbestätigten Meldungen von 10,4 Millionen Dollar im Jahre 1965/1966 auf 2,4 Millionen im neuen Haushaltsjahr reduziert werden. Der *Senegal* und die *Elfenbeinküste* waren die Nutznießer dieser Um-

---

[68] *Philippe Yacé*, Parlamentspräsident der *Elfenbeinküste*. Zitiert nach: *L'année politique africaine* (s. Bibliographie), 1966, S. III, 16.
[69] Siehe dazu: *W. A. E. Skurnik*, Ghana and Guinea. A case study in interafrican relations (s. Bibliographie).

orientierung[70]. Regierungsstellen in *Washington* hatten mit Unmut die wachsende ideologische Orientierung *Conakrys* an sozialistischen Vorbildern und die intensivierte Investitionstätigkeit von *US*-Firmen gerade in diesem Land zur Kenntnis genommen. Eine drastische Kürzung der Wirtschaftshilfe sollte nun das *guineische* Regime unter Druck setzen[71]. Möglicherweise mußte die Maßnahme auch mit den Erklärungen des *ivorischen* Parlamentspräsidenten vom Mai desselben Jahres in Verbindung gebracht werden. So wurde sie vermutlich von *Sékou Touré* gedeutet, als er in leidenschaftlicher Denunzierung imperialistischer Einflußnahme seine Unabhängigkeit gegenüber den *USA* demonstrierte: Er entzog der *PANAM* die Landerechte und stellte das amerikanische Personal, soweit es nicht ausgewiesen wurde, unter Hausarrest. Der Zwischenfall von *Accra* war dabei nur ein politischer Vorwand.

Die *USA* reagierten auf *Sékou Tourés* Vorgehen durch sofortige Streichung aller Lieferungen, einschließlich des »Food for Peace«-Programms[72].

Auch die *Sowjetunion* schränkte im übrigen wegen wachsender guineischer Zahlungsrückstände vor allem die Benzinlieferungen erheblich ein. Überhaupt trübte sich das Verhältnis zu *Moskau* durch eine spürbare Annäherung an *Peking*. *Sékou Touré* erklärte gar Ende Januar 1967 bei der Eröffnung eines Elektrizitätswerkes, das mit *chinesischer* Hilfe in *Pita* errichtet worden war, mit einem unmißverständlichen Seitenhieb: »La coopération sino-guinéenne est depuis le début le gage d'une véritable amitié, doublée d'un véritable désintéressement à la fois économique et politique«[73]. Die *chinesische* Präsenz manifestierte sich ferner durch die Fertigstellung des prächtigen »Maison du Peuple« im Sommer 1967 und sollte sich durch die Gründung eines »Service Civique« nach dem Beispiel der Roten Garden und durch den Vertrag über den Bau einer Eisenbahnlinie *Mali–Guinea* im Jahre 1968 noch verdeutlichen.

Nachdem *Paris*, *London*, *Washington* und *Moskau* verärgert worden waren, brach *Conakry* auch mit der *OERS:* Nach einer heftigen Kritik an der von *Senghor* verfolgten Politik der »Francophonie« setzte es im

---

[70] *Le Moniteur Africain du Commerce et de l'Industrie.* Nr. 260 (21. 9. 1966).
[71] Siehe dazu: *Le Moniteur Africain du Commerce et de l'Industrie.* Nr. 268 (16. 11. 1966).
[72] Die amerikanische Wirtschaftshilfe betrug (in Millionen Dollar):

in Kapitalanleihen (aid loans)			in Schenkungen (aid grants)			in Nahrungsmittellieferungen (food for peace)		
bis 1965	1966	1967	bis 1965	1966	1967	bis 1965	1966	1967
5,5	3,2	–	34,9	1,2	1,2	27,1	1,9	–

Nach: *Africa Report* (s. Bibliographie). Juni 1967, S. 12–13.
[73] Zitiert nach: *L'année politique africaine.* 1967. S. III. 17.

Januar 1967 die Mitarbeit im Komitee der *Senegal-Anrainer* aus und brach im übrigen im Juni desselben Jahres auch die Beziehungen zu *Israel* ab.
Im Mai 1967 waren außerdem die wenigen ausländischen Missionare unter der grotesken Beschuldigung, »espions contre la souveraineté de la Guinée« zu sein, des Landes verwiesen worden[74].
Guinea hatte sich geradezu mit allen Nachbarn und früheren Freunden überworfen, die Isolierung war komplett.
Auch innenpolitisch hatte *Sékou Touré* eine empfindliche Schlappe hinnehmen müssen: Sein Botschafter in *Bonn, Nabi Youla,* bat Anfang April 1967 in der *Bundesrepublik* um politisches Asyl.

4. Die Entwicklung seit 1967

Der 8. Parteitag vom September 1967 leitete eine deutliche Wende ein: *Sékou Touré* versuchte, die gesamten äußeren Beziehungen seines Landes zu entkrampfen: »Une certaine souplesse devient la caractéristique de la politique africaine et internationale du PDG«[75]. Zum ersten Male erklärte er sich auch zu einer Zusammenarbeit mit anderen Ländern unbeschadet ihrer politischen Struktur bereit. Er wollte und mußte vor den wachsenden wirtschaftlichen Schwierigkeiten aus der Isolation ausbrechen.
Die zunehmende Staatsverschuldung im Ausland (1967: 240 Milliarden FG bei einem Nationaleinkommen von etwa 180 Milliarden)[76] zwang ihn dazu. So kündigte er seine Bereitschaft an, die Beziehungen zum Westen wieder aufzunehmen. Während dies mit *Großbritannien* Wirklichkeit wurde (Februar 1968), reagierte *Paris* nicht. Im April 1968 wurde das Abkommen über Militärhilfe mit der *Bundesrepublik* erneuert; im Juni stattete der *amerikanische* Staatssekretär für afrikanische Angelegenheiten *Conakry* einen Besuch ab; im September wurde der Kredit für das Bauxitunternehmen von *Boké* gewährt; im Oktober unternahm *Ismael Touré* eine Good-will-Reise nach *Italien, Belgien* und in die *BRD.* Schließlich erhöhte die Gesellschaft *FRIA* ihr Kapital und ihre Produktionskapazität.
Eine Annäherung ereignete sich auch mit den Nachbarstaaten: Die *Senegal-Anrainer* schlossen sich im März 1968 zur *OERS* zusammen. Im April 1968 gelang es, in *Monrovia* eine grundsätzliche Einigung von zehn westafrikanischen Staaten herbeizuführen, wonach in absehbarer Zeit mit dem

---

[74] *Le Monde,* 3. 5. 1967.
[75] *A. S. Touré,* La Révolution Culturelle. Bd. XVII, S. 149.
[76] *Claude Rivière,* a. a. O., S. 51.

Zustandekommen einer westafrikanischen Regionalorganisation im Sinne der *OAU*-Charta zu rechnen war. Diese Konferenz von *Monrovia* wurde allgemein als der Wiedereintritt *Guineas* in die westafrikanische Gemeinschaft angesehen.

Der Staatsstreich in *Mali* vom 28. November 1968 wendete jedoch diese Entwicklung wieder in die entgegengesetzte Richtung: *Sékou Touré* fand sich nun als einziger sozialistischer Kämpfer in Westafrika wieder. Er behauptete, bei der letzten *OCAM*-Konferenz hätten die afrikanischen Staaten einen Umsturz in *Mali* und in *Guinea* vorbereitet[77]. Seither ist er wie hypnotisiert: Vor seinen Augen ziehen die imperialistischen Mächte, zusammen mit ihren afrikanischen Helfershelfern, ein Netz zusammen, um ihn, den letzten Kämpfer für Afrikas Freiheit, einzufangen und die guineische Revolution zunichte zu machen. Er hat umfangreiche Umbesetzungen in der Armee vorgenommen und seit der Aufdeckung eines angeblichen Komplotts der Militärs vom Februar 1969 eine wahre Hetzkampagne gegen *Frankreich* und die »kapitalistischen Länder Afrikas« geführt: *Frankreich* habe seit 1958 auf einen Umsturz hingearbeitet und diesen unter »aktiver Beteiligung afrikanischer Regierungen« durchzuführen gesucht[78]. »Mehrere gegen Guinea gerichtete Agitationszentren umgeben unser Land wie ein Gürtel; sie befinden sich in Nachbarstaaten, die dem französischen Neokolonialismus erlegen sind«[79]. Eine erneute Beschuldigung von *Paris* und *Abidjan* ging im Februar 1970 über die Wellen von *Radio Conakry*.

Den schwersten Angriff erlebte *Sékou Touré* jedoch im November 1970, als ein starkes Kommandounternehmen aus *Portugiesen* und *Exilguineern* einen Invasionsversuch durchführte. Der Plan scheiterte, vermutlich an der Disparität der Zielsetzungen seitens der Invasoren, und der guineische Staatschef konnte zunächst einen außerordentlichen Prestigegewinn verzeichnen. Der nachfolgende entwürdigende Prozeß, ganz auf die innenpolitische Konsolidierung abgestellt, ließ ihn jedoch alle Sympathien seiner Nachbarn und der gesamten Welt wieder einbüßen. *Sékou Touré* ist heute in Afrika, in der westlichen wie in der östlichen Welt ein ebenso gefürchteter wie gemiedener Mann, mit dem man nur aus massiven wirtschaftlichen Interessen weiter zusammenarbeitet, um nicht von der Konkurrenz ausgestochen zu werden.

---

[77] *Afrique Nouvelle*, Nr. 1120. 23.–29. 1. 1969.
[78] *Radio Conakry*, nach: *Le Monde*, 13. 3. 1969.
[79] *Radio Conakry*, nach: *Le Monde*, 1. 4. 1969. Vgl. auch Frankfurter Allgemeine Zeitung, 23. 5. 1969.

In der wirtschaftlichen Entwicklung der letzten Jahre sind denn auch eine Reihe wichtiger Erfolge zu verbuchen: das *guineisch-malisch-chinesische* Abkommen über den Bau einer Eisenbahnlinie[80] und die im September 1967 von der *Weltbank* und *amerikanischen* Stellen *(US-Agency for international Development* und *HALCO-Mining-Inc.)* erlangten Kredite und Investitionszusagen zur Realisierung des Bauxit-Abbau-Projekts in *Boké.* Die *Weltbank* bewilligte einen Kredit von 64,5 Millionen Dollar, die *AID* 21 Millionen und die *HALCO* 99 Millionen Dollar. Zu sehr günstigen Bedingungen (6,5 Prozent Zinsen bei einer Laufzeit von 24 Jahren für den Weltbankkredit) ersteht so in Guinea ein zweiter industrieller Schwerpunkt. Neben der wirtschaftlichen Bedeutung dieses Projekts ist dies auch ein politischer Erfolg des Staatspräsidenten: Im Verwaltungsrat des Unternehmens führt die afrikanische Seite nicht nur den Vorsitz, sie verhandelt auch in voller Gleichberechtigung mit den ausländischen Partnern, bei einer Gewinnbeteiligung des *guineischen* Staates in Höhe von 65 Prozent[81]. Zu ähnlichen Bedingungen wurden auch die neuesten Verträge mit Firmen oder Gesellschaften aus der *Schweiz, Jugoslawien,* der *UdSSR* und *Japan* abgeschlossen.

Diese Erfolge dürfen aber nicht darüber hinwegtäuschen, daß das Land mit außerordentlichen wirtschaftlichen Schwierigkeiten zu kämpfen hat, vor allem mit akuten Versorgungsschwierigkeiten. Zur negativen Bilanz des Siebenjahresplanes kommt der starke Wertverlust des guineischen Franc, die wachsende Auslandsverschuldung und ein steigendes Haushaltsdefizit.

Auf der anderen Seite wird das Ausmaß der landwirtschaftlichen Misere darin offenbar, daß die Produktion im Gegensatz zu den Nachbarländern abgenommen hat und die Versorgung der Bevölkerung seit Jahren nur mehr durch Lieferungen der *USA* sichergestellt werden kann. Demgegenüber hat etwa die *Elfenbeinküste* zwischen 1960 und 1964 den Export landwirtschaftlicher Güter verdoppelt, von 36 318 Millionen Francs *CFA* auf 73 042 Millionen. Gleichzeitig weist *Abidjans* Handelsbilanz eine stark überschüssige Tendenz auf[82].

---

[80] Nach der Konsolidierung der neuen Militärregierung in *Mali* ist das Projekt wieder im Gespräch. Siehe: *Africa Report,* Dezember 1970, S. 8.
[81] Ob die Industriekomplexe FRIA und BOKE allerdings der wirtschaftlichen Entwicklung des Landes wirklich zugute kommen, wird heute bezweifelt. Die Erträge von BOKE reichen offensichtlich nicht einmal zur Rückzahlung des Weltbankkredites. *Internationales Afrikaforum* VII. 9/10 (September-Oktober 1971), S. 520.
[82] Siehe: Mémento de l'Economie Africaine 1970. Numéro spécial du Bulletin de l'Afrique Noire. Paris, S. 155.

V. Politische Analyse und Versuch einer Deutung

1. Fundamentale Widersprüche in Guineas politischem Handeln

Wenn man eine umsichtige Deutung der guineischen Außenpolitik zu geben versucht, fallen zunächst zwei fundamentale Widersprüche auf, die über allen Entscheidungen liegen und sie vielleicht erklären.
Zunächst liegt der unüberbrückbare Gegensatz zwischen *Sékou Tourés* Ansatz und den Interessen der Großmächte offen zutage: Zwischen der Behauptung der nationalen Unabhängigkeit und der Ausdehnung der eigenen Einflußsphäre gibt es keine Ausgleichsmöglichkeit, bei den gegebenen Machtverhältnissen auch keinen Zweifel über den Ausgang der Konfrontation. *Sékou Touré* blieb nur der Ausweg, seine Unabhängigkeit durch eine gelegentliche Distanzierung von einem Kapitalgeber symbolisch unter Beweis zu stellen. Der Wert dieser Demonstration bestand jedoch nur in einer Ausspielung der einen Abhängigkeit gegen die andere.
Die spektakulären »Kursänderungen« *Guineas* sind als solche Demonstrationen der Unabhängigkeit zu bewerten. So wurde der Repräsentant der *Sowjetunion* 1961 ausgewiesen, weil seine Botschaft allzu auffällige politische Propaganda trieb. *Sékou Touré* hatte die ausländischen Botschaften in *Conakry* schon im November 1960 wissen lassen, daß er sich allen Versuchen ideologischer Einflußnahme widersetzen werde. Am 14. Dezember 1961 mußte er der *UdSSR* eben diesen Vorwurf machen und zog die angekündigten Konsequenzen. Es hatte sich herausgestellt, daß östliche Wirtschaftshilfe verpflichtete und überdies in ideologische Abhängigkeit und sogar innenpolitische Opposition münden konnte.
Ähnlich empfand er gegenüber den *Vereinigten Staaten,* als deren wirtschaftliche Präsenz seit etwa 1964 erdrückende Ausmaße annahm: *FRIA* lag zu 48 Prozent in *amerikanischer* Hand; *Boké* wurde mit *US*-Kapital neu in Angriff genommen; eine Lastwagenfabrik war von *Mack Truck* installiert worden; die *PANAM* baute die guineische Gesellschaft *Air Guinée* auf; *TEXACO* bereitete den Bau einer Raffinerie vor; die »*Food for Peace*«-Lieferungen waren für die Versorgung der Bevölkerung lebensnotwendig geworden.
Guinea war in reale Abhängigkeit von den *Vereingten Staaten* geraten und mußte sich, wollte es bei dem Konzept der Blockfreiheit bleiben, vom »amerikanischen Imperialismus« lösen. Der Zwischenfall von *Accra* bot dazu eine günstige Gelegenheit.
Auch die *Bundesrepublik Deutschland* mußte unter diesem *Guinea* aufgezwungenen Widerspruch leiden. Der Abbruch der Beziehungen mit Bonn im Januar 1971 ging ohne Zweifel nicht zuletzt auf ihn zurück.

Das Typische dieser Vorgänge liegt darin, daß die Demonstration der Unabhängigkeit nur vorübergehender Natur ist und aus zwingender wirtschaftlicher Notwendigkeit bald einer erneuten Zusammenarbeit mit dem eben noch geschmähten Partner Platz macht. Die Wiederannäherung an die *UdSSR* und die Wiederaufnahme der Verhandlungen mit den *USA* kaum einen Monat nach der *Accra-Affäre* beweisen mit der Richtigkeit dieser Annahme auch das Ausmaß der tatsächlichen Abhängigkeit *Guineas*. Andererseits lassen sie eine baldige Wiederaufnahme der Gespräche mit *Bonn* voraussagen.

Der zweite Widerspruch belastet vor allem die Wirtschaftspolitik und die wirtschaftlichen Beziehungen mit dem Ausland. Gemeint ist der schon angesprochene Gegensatz zwischen den Notwendigkeiten einer marxistisch orientierten Planwirtschaft und den Erfordernissen einer De-facto-Basierung auf marktwirtschaftlichen Gegebenheiten. Die konkurrierenden Einflüsse von staatlicher Planung und privatwirtschaftlichem Gewinnstreben führen zu einem Zielkonflikt, der sich desorientierend auf den schwächeren Partner niederschlägt und einem organischen Wirtschaftswachstum, wie es etwa in dem Siebenjahresplan vorgesehen ist, im Wege steht.

Als gravierendster Faktor wäre in diesem Zusammenhang die nationale Währung zu nennen. Häufig zu einer Prestigefrage hochstilisiert[83], war die Einführung des guineischen Franken in Wirklichkeit eher eine Verzweiflungstat, zu der sich *Guinea* durch den französischen Wirtschaftsdruck und die unannehmbaren französischen Bedingungen bei den Währungsverhandlungen im Winter 1959/1960 gezwungen sah[84]. Die Folgen dieser Flucht in die Nichtkonvertierbarkeit waren für *Guinea* unüberschaubar. Der gesamte Außenhandel war aufs schwerste von einem drückenden Devisenmangel belastet; außerdem wurden die Wirtschaftsbeziehungen zu *Frankreich* und den *frankophonen Nachbarn* abgebrochen; zur Versorgung der Bevölkerung und der Industrie mußte in aller Eile eine totale Umorientierung der Handelsströme erfolgen, mit allen im Grunde unübersehbaren und für kein Land zu verkraftenden Konsequenzen im technischen, wissenschaftlichen, kommerziellen und finanziellen Sektor. Der Maschinenpark verfiel langsam wegen der Unmöglichkeit der Ersatzteilbeschaffung, die Exportwirtschaft hatte neue Handelswege und neue Partner zu suchen, viele europäische Farmer verloren das Interesse an einer Arbeit im Rahmen einer staatlichen Wirtschaftsplanung ohne Mög-

---

[83] So auch *Suret-Canale,* der die Währungsreform zur »pièce maîtresse« des Dreijahresplanes macht. A. a. O., S. 181.
[84] Dazu: *Joachim Voß,* Guinea, S. 164–167.

lichkeit des Kapitaltransfers und verließen das Land; die Investitionswilligkeit ausländischer Firmen ging erheblich zurück. Schwarzhandel machte sich breit, ebenso Devisenschmuggel und Rückexport eingeführter Konsumgüter bis zu einer Größenordnung von mehr als 60 Prozent des Einfuhrvolumens[85]. Der Warenaustausch mit dem benachbarten Ausland war außerordentlich erschwert, und im Grunde waren alle Ansätze einer *westafrikanischen Freihandelszone* durch *Conakrys* währungspolitischen Alleingang von vornherein zum Scheitern verurteilt.

Im ganzen hat sich das Ausscheren aus der *Franc-Zone* für *Guinea* als wirtschaftlicher Bumerang ungeahnten und unbeabsichtigten Ausmaßes erwiesen. Zudem hat es eine innerafrikanische Isolierung zementiert, deren Hürden schwer zu beseitigen sein dürften.

Der innere wirtschaftspolitische Widerspruch *Guineas* zeigt sich aber auch in dem wachsenden Engagement des *US*-Kapitals in der Schwerindustrie bzw. in der Abhängigkeit des *guineischen* Staates von den Bedingungen dieser Großinvestitionen, was *guineische* Oppositionsgruppen zu der grotesk anmutenden Anklage veranlaßte, der Wortführer des Antiimperialismus sei zum Knecht des amerikanischen Imperialismus geworden (»la totale inféodation à l'impérialisme américain«)[86], eine treffende Charakterisierung der tatsächlichen Machtverhältnisse in *Guinea*.

2. Latente Abhängigkeit der Außenpolitik von innenpolitischen Vorgängen

Zu diesen fundamentalen Widersprüchen kommt eine latente Abhängigkeit des außenpolitischen Handelns von der innenpolitischen Konstellation. Periodisch auftretende Oppositionstendenzen werden jeweils dann als umstürzlerisch bezeichnet, wenn sie mit einer Verschlechterung der wirtschaftlichen Lage Hand in Hand gehen. Als Ablenkungsmanöver kreiert die Parteiführung dann einen äußeren Feind, den sie der imperialistischen Einflußnahme zeihen kann. Beispiele dieser Politik und ihrer Konsequenzen sind die Beschuldigung der *UdSSR* im Jahre 1961 sowie vor allem *Frankreichs* und der Länder des *Conseil de l'Entente* im Jahre 1965, als sich in *Conakry* Oppositionsparteien konstituieren wollten.

---

[85] »En moins de six mois, plus de 60 % des marchandises et produits destinés au commerce intérieur sont passés hors des frontières.« *Sékou Touré* in einer Erklärung vom Jahresende 1964. Zitiert nach: *Pierre Biarnès*, L'année politique en Afrique Noire francophone, 1965, S. 16.
[86] Association des étudiants guinéens en France, in einer Stellungnahme zum 13. Jahrestag der Unabhängigkeit. Nach: *Philippe Decraene*, M. Sékou Touré, juge et accusé, in: *Le Monde*, 1. 10. 1971.

3. Persönliche Faktoren

Diesen gewichtigen Faktoren gegenüber treten persönliche Elemente, die in der Person des guineischen Staatspräsidenten selbst begründet liegen, in den Hintergrund. Sicher hat eine alte Rivalität mit dem älteren *Houphouet Boigny)* aus der Zeit des *RDA* in der Außenpolitik *Sékou Tourés* gelegentlich eine Rolle gespielt; sicher hat sein ans Messianische grenzendes revolutionäres Sendungsbewußtsein Spuren in den außenpolitischen Entscheidungen hinterlassen. Auch kann man nicht verkennen, daß *Sékou Tourés* Politik in ihrer Verhärtung manische Züge trägt und an Verfolgungswahn denken läßt. Und doch geht man wohl nicht fehl in der Annahme, daß sich das militante und bisweilen aggressive Gebaren des guineischen Präsidenten erst in den Auseinandersetzungen mit *Frankreich* und später mit den anderen Großmächten entwickelt hat.

Wer von Machtrausch oder gar von verminderter geistiger Zurechnungsfähigkeit[87] spricht, verwechselt Ursache und Wirkung und übersieht die Gewichtigkeit der wirtschaftlichen und politischen Interessen im Hintergrund dieses Geschehens.

So läßt sich aus dem Zusammentreffen der skizzierten grundlegenden Gegensätze und der innenpolitischen Notwendigkeiten sowie der persönlichen Eigenschaften einer faszinierenden Gestalt eine Politik erklären, die bei vielen nur auf Unverständnis und Unmut gestoßen ist. Ihr Schlüssel liegt in dem ständigen Widerstreit von äußerer Abhängigkeit und dem Versuch innerer Selbstbehauptung.

4. Sékou Tourés außenpolitisches Scheitern

In diesem Widerstreit muß auch die Ursache für *Sékou Tourés* außenpolitisches Scheitern gesehen werden. Sein politisches Ziel mußte sich gegenüber den massiven ausländischen Interessen politischer und wirtschaftlicher Art als unrealistisch erweisen. Daß er dennoch und in wachsender Intensität auf dem Ideal einer realen Unabhängigkeit beharrte, hatte die Isolierung *Guineas* zur Folge, mit einem wirtschaftlichen Rückschlag ungeahnten Ausmaßes.

Der außenpolitische Spielraum, der *Sékou Touré* geblieben ist, beschränkt sich auf gelegentliche Demonstrationen der Unabhängigkeit. Dabei hat er immer wieder erfahren müssen, daß auch eine gleichmäßige Distanz zu den Industrienationen dennoch zu Abhängigkeiten führt und daß eine

---

[87] *Christ und Welt,* 12. 2. 1971. Newsweek, 24. 1. 1972.

zeitweilige Distanzierung von dem einen oder dem anderen Kapitalgeber noch keine politische Unabhängigkeit ausmacht.
Dieses Schicksal *Guineas* macht auf kausale Zusammenhänge mit grundlegenden politischen Vorgängen in Afrika aufmerksam. *Sékou Tourés* Versuch, der Bildung politischer Lager entgegenzuwirken und eine dritte Kraft zu schaffen, ist an den strategischen Interessen der Großmächte gescheitert. Deshalb hat auch die Mehrzahl seiner schwarzen Präsidentenkollegen andere Vorstellungen von der Entwicklung ihrer Länder und der Einigung Afrikas entwickelt und sich zu stärkerer Zusammenarbeit gerade mit den alten Kolonialmetropolen bereitgefunden. Sein anti-imperialistischer Anspruch hat sie nur verärgert und in ihrer Politik bestärkt. So hat sich die Ost-West-Spaltung allen Anstrengungen *Sékou Tourés* zum Trotz auf den afrikanischen Kontinent ausgedehnt und in der Folge den Handlungsspielraum der afrikanischen Staaten erheblich eingeengt.
Andererseits hat die Einbeziehung Afrikas in die Ost-West-Konfrontation den objektiven Stellenwert afrikanischer Ereignisse für das internationale System durch die latente Möglichkeit einer Gleichgewichtsveränderung beträchtlich erhöht.

5. Strukturelle Ursachen des außenpolitischen Scheiterns

Angesichts der Erfolglosigkeit der außenpolitischen Bemühungen *Guineas* muß die Frage nach ihren strukturellen Ursachen gestellt werden. Erst dann vermag man zu überschauen, ob *Sékou Tourés* Konzept in der Tat unrealistisch war oder ob es dem Zusammentreffen ungünstiger Umstände zum Opfer gefallen ist. Die Frage lautet: Kann ein Land Kapitalhilfe von anderen Mächten annehmen, ohne in ein proportional zu den finanziellen Zusagen wachsendes Abhängigkeitsverhältnis politischer, wirtschaftlicher, kultureller und selbst ideologischer Art zu geraten?
Drei Typen von Entwicklungsländern und von Entwicklungsmöglichkeiten wären hier zu unterscheiden:
a) Das Entwicklungsland ist ein ausgesprochen armes Land, von geringer strategischer Bedeutung, mit schlechten demographischen und landwirtschaftlichen Voraussetzungen, ohne nennenswerte Bodenschätze. Ausländische Mächte würden kein Interesse an diesem Land zeigen. Hier wäre die Regierung völlig den Bedingungen eventueller Kapitalgeber ausgeliefert.
b) Das Entwicklungsland hat die Voraussetzungen zu einer landwirtschaftlichen und auch begrenzten industriellen Entwicklung. Internationales Kapital wäre, mit dem Ziel der Schaffung neuer und interessanter

Absatzmärkte, zu Investitionen bereit. Auch hier müßte sich die Regierung den Bedingungen der Kapitalgeber beugen, wenn sie die Entwicklung vorantreiben will.
c) Das Entwicklungsland besitzt reiche Bodenschätze, an deren Ausbeutung das Ausland ein vitales Interesse hegt. Die Folge wäre ein konkurrierendes Kapitalangebot aus Ost und West. Das Land hätte auch hier nur die Möglichkeit, beide gegeneinander auszuspielen, bliebe aber von ihnen, ihrer Rivalität und letztlich ihrer geheimen Solidarität abhängig.
Reale Unabhängigkeit wäre bei allen drei Typen nicht gegeben. Auf der einen Seite sind die Kapitalbedürfnisse zu zwingend, auf der anderen ist keine der Großmächte, keiner der Blöcke zu einer interessefreien Wirtschaftshilfe bereit. Auch die Einschaltung internationaler Organisationen wie *Weltbank* oder *UNO* vermöchte an dieser Lage wenig zu ändern, da auch sie interessegebunden sind und da die Ausführung von Entwicklungsprojekten größeren Ausmaßes doch über Firmenkonsortien mit nationalem oder Block-Charakter läuft.
Als Fazit drängt sich die ernüchternde Erkenntnis auf, daß bei den gegebenen politischen Frontstellungen, den weltumspannenden Interessenverflechtungen und den wirtschaftlichen Interdependenzen ein einzelnes Land nicht mehr unabhängig sein kann im Sinne einer politischen, wirtschaftlichen und ideologischen Autonomie, wie es sie in früheren Jahrhunderten gegeben haben mag. Das gilt für Industrienationen, das gilt aber auch für Entwicklungsländer, wie das Beispiel *Guinea* unmißverständlich gezeigt hat.
Die Betrachtung der strukturellen Ursachen macht noch ein Zweites offenbar: eine Politik des »non-alignment« ist dann nicht durchführbar, wenn das Land im Schnittpunkt der Großmachtinteressen liegt. In diesem Fall führen die in ihrer inneren und äußeren Orientierung konträren Angebote und Einflüsse der Blöcke zu einem Zielkonflikt, den die Wirtschaft eines Entwicklungslandes nicht zu verkraften vermag.
Von beiden Ansätzen her hat sich *Sékou Tourés* Politik als unrealistisch erwiesen. Sein Fehler lag in der Überschätzung der eigenen Möglichkeiten und in der Unterschätzung der Gewichtigkeit der wirtschaftlichen und politischen Interessen der Großmächte. Ihnen zu trotzen hat ihm nur eine um so größere Abhängigkeit eingebracht. Blockfreiheit und weltweite Unabhängigkeit waren sein Ziel, weltweite Isolierung wurde das – unausbleibliche – Ergebnis. Die jüngsten Ereignisse in seinem Land, Invasion und Repression, sind ein sprechendes Zeichen dieser Politik und ihrer Auswirkungen.

VI. Folgerungen für die Bundesrepublik

1. Die *Bundesregierung* sollte sich nicht von einer emotionalen Berichterstattung über die tragischen Ereignisse in *Guinea* beeinflussen lassen; entsprechend der Resolution der Deutschen Afrika-Gesellschaft vom 30. Januar 1971 sollte sie in sachlicher Weise auf Guineas politische Schritte antworten.
2. *Bonn* sollte die Beschuldigungen des Guineischen Weißbuches über den westdeutschen Waffenimport und über die Verstrickung westdeutscher Entwicklungshelfer in geheime Putschvorbereitungen sorgfältig prüfen.
3. Die *Bundesregierung* sollte die Beziehungen zu *Conakry* nicht abbrechen; im Gegenteil, sie sollte auf jedes Anzeichen des Einlenkens in diskreter Weise eingehen, um *Guinea* den Schritt aus der Isolierung zu erleichtern. Das würde auch eine Wiederaufnahme der Entwicklungshilfe beinhalten, sobald und unter welchen Bedingungen *Conakry* dazu willens wäre.
4. Die *Bundesregierung* sollte die Entwicklung in *Guinea* zum Anlaß nehmen, ihr Entwicklungshilfekonzept zu überprüfen. *Bonn* sollte davon ausgehen, daß *Guinea* mit allen Mitteln einer neuen Blockbildung und neuen Abhängigkeitsverhältnissen entgehen wollte und daß seine Geschichte den geringen Spielraum geoffenbart hat, der einer solchen Politik belassen ist. Im Grunde hat *Conakry*, im Unterschied zu den meisten anderen Entwicklungsländern, nur die Bedingungen abgelehnt, die ihm von den Kapitalgebern aus Ost und West diktiert wurden, und ist dadurch in einen Zugzwang geraten, der sich nachteilig auf die eigene wirtschaftliche Entwicklung und auf das Verhältnis zu den Kapitalgebern ausgewirkt hat und nach Lage der Dinge auswirken mußte. *Bonn* wäre gut beraten, dies als den Rückschlag einer Politik zu erkennen, in deren Mittelpunkt das Interesse der Industrienationen stand und nicht das der Entwicklungsländer.
5. Das Beispiel der Republik *Guinea* hat inzwischen Schule gemacht. Die Vorwürfe *Sékou Tourés* an die Adresse der industrialisierten Länder sind nunmehr von den meisten Entwicklungsländern übernommen worden; ihre Forderungen auf der bevorstehenden dritten Welthandels- und Entwicklungskonferenz (UNCTAD III) werden eine Beteiligung an den Entscheidungen der zehn größten Industrienationen, vornehmlich an allen Entscheidungen im Bereiche der Weltwährungsstruktur, beinhalten; sie werden die Öffnung der Märkte der Industrieländer für ihr Agrar- und Fertigprodukte verlangen, sowie den Abbau des katastrophalen Verschuldungssystems der Dritten Welt. Diese grundsätzlichen Forderungen sind

im übrigen in einem Aufruf zu einer »einschneidenden Verbesserung des Weltwirtschaftssystems« von den christlichen Kirchen der *BRD* aufgenommen und unterstützt worden[88]. Die *Bundesregierung* sollte sich entsprechend ihrer »entwicklungspolitischen Konzeption für die zweite Entwicklungsdekade« vom 11. 2. 1971 auch zu diesen Postulaten bekennen und entschieden auf ihre Verwirklichung drängen. Nur auf diese Weise kann der Republik *Guineas* und den Entwicklungsländern langfristig gedient werden.

6. Die *Bundesregierung* sollte ihre Entwicklungshilfe von den letzten Fesseln der *Hallstein*-Doktrin freimachen und nicht die Konfrontation mit der *Ostberliner* Entwicklungshilfe suchen, sondern eine gesunde Konkurrenz zum Wohle des betreffenden Landes.

---

[88] Erklärung der Kirchen zu UNCTAD III.

ANHANG

Bibliographie

L'Agression portugaise contre la République de Guinée. Livre Blanc. Conakry 1971.
Ameillon, B.: La Guinée, bilan d'une indépendance. Paris, Maspéro, 1964, 212 S.
Amin, Samir: Trois expériences africaines de développement. Le Mali, la Guinée et le Ghana. Paris, PUF, 1965, 234 S.
Ansprenger, Franz: Politik im Schwarzen Afrika. Köln, Westdeutscher Verlag, 1961, 516 S.
Charles, Bernard: Un parti politique africain, le P D G, in: Revue française de science politique. 12, 2 (Juni 1962), S. 312–359.
Ders.: La Guinée; in: Décolonisation et régimes politiques en Afrique Noire. Paris, 1967, S. 159–204.
Levgold, Robert: Lignes de force de la diplomatie soviétique en Afrique; in: Revue française d'études politiques africaines. 15 (März 1967), S. 30–52.
Morrow, John H.: First American Ambassador to Guinea. New Brunswick, New Jersey, 1968, 291 S.
Naether, Klaus: Guinea, 10 Jahre Stabilität in der Misere. Manuskript, 13 S.
Rivière, Claude: La politique étrangère de la Guinée; in: Revue française d'études politiques africaines, 68 (August 1971), S. 37–68.
Ders.: Les conséquences de la réorganisation des circuits commerciaux de Guinée; in: Revue française d'études politiques africaines, 66 (Juni 1971), S. 74–96.
Schlesinger, Arthur M.: A Thousand Days. J. F. Kennedy in the White House. New York, 1965.
Skurnik, W. A. E.: Ghana and Guinea, 1966. A case study in interafrican relations; in: The Journal of Modern African Studies. V. 3, S. 367–384.
Stahn, Eberhard: Kommunistische Modelle für Afrika? Ghana und Guinea. Verlag für Literatur und Zeitgeschehen, Hannover, 1969.
Statistisches Bundesamt Wiesbaden: Länderberichte: Guinea, 1967.
Suret-Canale, Jean: La république de Guinée. Paris, Editions sociales, 1970, 432 S. Mit umfassender Bibliographie.
Touré, Ahmed Sékou:
1. – *L'Action politique du Parti démocratique de Guinée, Conakry,* 17 volumes parus, 1958–1969.
Tome Ier. – Conakry, Impr. du gouvernement, 206 p. (Les assises du P.D.G. du 23 au 26 janv. 1958, pp. 5–36; le IVe Congrès du P.D.G. tenu à Conakry du 5 au 8 juin 1958, pp. 37–55; Discours à l'ouverture de la session extraordinaire de l'Assemblée territoriale, le 28 juillet 1958, pp. 57–72; Discours prononcés à l'occasion de l'arrivée du général de Gaulle par MM. Diallo Saïfoulaye, Sékou Touré, et le général de Gaulle à Conakry, le 25 août 1958, pp. 73–90; Allocution radiodiffusée du 28 août 1958, pp. 91–94; Discours au cinéma Vox, 29 août 1958, pp. 95–112; Discours à la Chambre de commerce, le 1er septembre 1958, pp. 113–

162; Conscience et dignité (allocution radiodiffusée), pp. 163–194; Conférence territoriale du P.D.G. tenue à Conakry le 14 septembre 1958, pp. 195–206).
Tome II. – Conakry, Impr. nat., 1959, 320 p. (documents divers: oct. 1958–janv. 1959, dont: Constitution de la République de Guinée, pp. 73–81; IIᵉ Conférence nationale des cadres du P.D.G., 27 nov. 1958, pp. 197–243).
Tome III. – Conakry, Impr. nat., 1959, 480 p.; documents divers: année 1959. (Congrès constitutif de l'U.G.T.A.N., Conakry, 15–18 janv. 1959, pp. 13–92; allocutions et conférences.)
Tome IV. – *La Lutte du P.D.G. pour l'émancipation africaine,* Conakry, Impr. nat., 1960, 390 p. (Vᵉ Congrès du P.D.G., pp. 5–350; Discours aux Nations unies, pp. 361–388.)
Tome V. – *Le Plan triennal de développement économique et social de la République de Guinée* (conférence nationale des cadres tenue à Kankan des 2 au 5 avr. 1960), Conakry, Impr. nat., 1960, 440 p. (A. S. Touré: Rapport d'information et d'orientation, pp. 9–119; L. L. Beavogui: Bilan et perspectives de l'économie guinéenne, pp. 121–271; A. S. Touré: Les principes politiques du Plan, pp. 273–330; N'Famara Keita: Les structures du plan triennal, pp. 331–374; A. S. Touré: Discours de clôture, pp. 375–404; Budget du plan, pp. 405–424).
Tome VI. – *La Révolution guinéenne et le progrès social,* Conakry, Impr. nat. Patrice-Lumumba, 1962, 642 p. (rapports aux conférences de Kissidougou, 21–24 nov. 1960, pp. 3–146 et de Conakry, 14–17 août 1961, pp. 147–618; Annexe: organisation politique et administrative, pp. 619–638).
Tome VII. – *La Politique internationale du P.D.G.,* Conakry, Impr. nat. Patrice-Lumumba, 1962, 278 p.
Tome VIII. – *L'Action politique du P.D.G. pour l'émancipation de la jeunesse guinéenne,* Conakry, Impr. nat. Patrice-Lumumba, 1962, 368 p.
Tome IX. – *Au Nom de la révolution. Conférences hebdomadaires,* Conakry, Impr. nat. Patrice-Lumumba, 1962, 348 p.
Tome X. – *La Révolution guinéenne et le progrès social,* Conakry, Impr. nat. Patrice-Lumumba, 1963, 816 p. (rééd. tome VI; Conférences de Kissidougou et de Conakry).
Tome XI. – *Manuel du Militant,* Conakry, Impr. nat. Patrice-Lumumba, 1965, 380 p.
Tome XII. – *Id.,* rééd., Conakry, Impr. nat. Patrice-Lumumba, s. d., 392 p.
Tome XIII. – *L'Afrique et la Révolution,* imprimé en Suisse, s.d., 400 p.
Tome XIV. – *Plan septennal 1964–1971,* Conakry, Impr. nat. Patrice-Lumumba, s. d. (1967), 444 p. (Session du Conseil national de la Révolution tenue à Gueckédou, avril 1964: Discours d'ouverture et de clôture par A. S. Touré, pp. 5–59 et 131–152; Rapport sur les leçons à tirer du plan triennal par El Hadj Saïfoulaye Diallo, pp. 60–76; Rapport sur le développement économique, par Ismaël Touré, pp. 77–130; Conférence des cadres de Conakry, 24 avr. 1964, pp. 153–177; Conférence économique de Foulaya, 29–30 mai 1964, pp. 203–236; Proclamation et discours du 8 nov. 1964, pp. 331–366; etc.).
Tome XV. – *Défendre la révolution,* Conakry, Impr. Patrice-Lumumba, s. d. (1967), 336 p.
Tome XVI. – *Vingtième anniversaire et VIIIᵉ Congrès du P.D.G.,* Conakry, Impr. nat. Patrice-Lumumba, s. d. (1968), 328 p. (Rapports au VIIIᵉ Congrès du P.D.G., Conakry, 25–27 sept. 1967, A. S. Touré: Rapport politique et de doctrine,

pp. 17–209; Ismaël Touré: Rapport économique, pp. 213–268; Saïfoulaye Diallo: Rapport social, pp. 269–322).
Tome XVII. – La Révolution Culturelle. Conakry, Imprimerie Nationale Patrice Lumumba, 1969, 350 S.
2. – *Expérience guinéenne et unité africaine, Présence africaine*, Paris, 1959, 566 p. (réunion des t. I et II de l'Action politique du P.D.G.).
– *Rapport d'orientation et de doctrine présenté au Congrès général de l'U.G.T.A.N.*, tenu à Conakry du 15 au 18 janvier 1959, Conakry, Impr. nat., 1959, 40 p.
– *Texte des interviews* accordés aux représentants de la presse, Conakry, Impr. nat., 1959, 160 p.
– *Rapport de doctrine et de politique générale* (Ve Congrès national du P.D.G.-R.D.A. tenu à Conakry les 14, 15, 16 et 17 sept. 1959), Conakry, Impr. nat., 1958, 128 p.
– *Discours d'ouverture*, IIIe Conférence mondiale des enseignants, 27 juill. 1960, Conakry, Impr. nat., 1960, 20 p.
– *IIe Congrès national de la J.R.D.A.* (Conakry, les 14, 15 et 16 sept. 1961), Conakry, Impr. nat., 1961, 96 p.
– *Discours commémoratif de la proclamation de la République de Guinée* (IIe anniversaire de l'indépendance nationale), 2 oct. 1961, Conakry, Impr. nat., 1961, 20 p.
– *Rapport de doctrine et d'orientation* (Conférence nationale de Conakry des 14, 15, 16 et 17 août 1961), Conakry, Impr. nat., 1961, 362 p.
– *8 novembre 1964, Conakry,* Impr. nat. Patrice-Lumumba, 1964, 88 p.
– *Poèmes militants,* Conakry, Impr. nat. Patrice Lumumba, 1964, 32 p.
Voß, Joachim: Guinea. Zehn Jahre Selbstbehauptung; in: Vierteljahresberichte des Forschungsinstituts der Friedrich-Ebert-Stiftung, Nr. 34 (Dezember 1968), S. 417–428.
Ders.: Der progressistische Entwicklungsstaat. Seine rechts- und verwaltungstechnische Problematik. Das Beispiel der Republik Guinea. Hannover, 1971.
Ders.: Die Republik Guinea. Staat des »Complot permanent«; in: Aus Politik und Zeitgeschichte. Beilage zur Wochenzeitung »Das Parlament«, B 29/71. 17. Juli 1971, S. 3–33.
Ders.: Parteistatut und Staatsverfassung; in: Vierteljahresberichte der Friedrich-Ebert-Stiftung, Nr. 38 (Dezember 1969), S. 451–472.
Ders.: Guinea. Bonn, 1968, S. 252.

Wichtige Zeitungen, Zeitschriften und Serien:
Africa Report. Washington. Monatlich.
Afrika heute. Bonn. Deutsche Afrika-Gesellschaft. 14tägig.
Afrique Nouvelle. Dakar. Wochenzeitung.
L'Année politique africaine. Jahresberichte, hrsg. von Pierre Biarnès, Philippe Decraene und Philippe Herreman. Dakar. Société Africaine d'Edition. Erschien bis 1964 unter dem Titel: »L'année politique en Afrique Noire Francophone«.
Etudes Guinéennes. Conakry (vor 1958).
Horoya. Tageszeitung. Conakry.
Internationales Afrikaforum. München. Monatlich.
Jeune Afrique. Paris. Wochenzeitschrift.

Le Moniteur Africain du commerce et de l'industrie. L'hebdomadaire de l'économie ouest-africaine. Dakar. Wöchentlich.
Revue française d'études politiques africaines (Le Mois en Afrique). Paris. Monatlich.

Dokumentarischer Anhang

Die folgenden Texte sollen zu einem vertieften Verständnis der behandelten Konflikte beitragen. Die Übersetzung besorgten – soweit nicht anders vermerkt – Heide Traeder (A, B, C) und Leonhard Harding (D).

A. Nigeria

I. *Ansprache Major Nzeogwus über Radio Kaduna am 15. Januar 1966.*

Im Namen des Obersten Revolutionsrates der nigerianischen Armee erkläre ich die Verhängung des Kriegsrechtes über die Nordprovinzen Nigerias. Die Verfassung ist suspendiert und die Regionalregierung sowie das Parlament sind hiermit aufgelöst. Alle politischen, kulturellen, tribalen, gewerkschaftlichen Aktivitäten sowie Demonstrationen und ungenehmigte Versammlungen – mit Ausnahme religiöser Zusammenkünfte – sind bis auf weiteres verboten.

Das Ziel des Revolutionsrates ist es, eine starke, einige und wohlhabende Nation zu schaffen; eine Nation frei von Korruption und inneren Zwistigkeiten. Unsere Methode ist strikt militärisch, aber wir hegen keine Zweifel, daß jeder Nigerianer uns ein Maximum an Kooperationsbereitschaft entgegenbringen wird, und daß niemand, ich wiederhole: niemand, jetzt, da leichte Veränderungen stattfinden, den Frieden stören wird. Ich versichere allen Ausländern, die in diesem Teil Nigerias leben und arbeiten, daß ihre Rechte bestehen bleiben und respektiert werden. Alle Verträge mit dem Ausland werden eingehalten und wir hoffen, daß diese Staaten die territoriale Integrität unseres Landes respektieren und daß sie sich nicht auf die Seite der Feinde der Revolution und der Feinde des Volkes stellen werden.

Liebe Landsleute, ihr werdet viel von gewissen Gremien hören und wahrscheinlich auch sehen, die vom Obersten Rat beauftragt worden sind, Untersuchungen über nationale Integration, Gerechtigkeit, allgemeine Sicherheit und Vermögensverhältnisse durchzuführen. Bis die neuen Organe funktionsfähig sein werden, sind vorübergehend alle Ständigen Sekretäre, Korporationsvorsitzenden und ähnliche leitende Personen entscheidungsbefugt. Die Entscheidungen dürfen jedoch nicht, ich wiederhole: nicht, den Zielen und Wünschen des Obersten Rates entgegenlaufen. Kein Minister oder Parlamentarischer Sekretär hat administrative oder andere Kontrollmöglichkeiten in den Ministerien, selbst wenn sie nicht, ich wiederhole: nicht, als zu gefährlich angesehen wurden, um verhaftet zu werden.

Im Moment ist keine Zeit für lange Reden und deshalb laßt mich zehn Proklamationen aus den Außerordentlichen Verordnungen von heute, die der Oberste

Rat verabschiedet hat, bekanntgeben. Sie werden je nach Situation modifiziert werden.
1. Als Verbrechen gelten und mit dem Tode bestraft werden: Plünderung, Brandstiftung, Homosexualität, Raub, Unterschlagung, Bestechung oder Korruption, Behinderung der Revolution, Sabotage, subversive Tätigkeit, falscher Alarm und Unterstützung ausländischer Invasoren.
2. Als Verbrechen gelten und ebenfalls mit dem Tode bestraft werden: Teilnahme an Demonstrationen, ungenehmigten Versammlungen und fehlende Kooperation mit den Revolutionstruppen.
3. Als Verbrechen gelten und ebenfalls mit dem Tode bestraft werden: Unterstützung gesuchter Personen, jeder Versuch, sich den Gerichten zu entziehen sowie das Verschweigen antirevolutionärer Aktivitäten.
4. Die Zurückweisung oder Vernachlässigung von Pflichten und Aufgaben, die zur Unterstützung der Revolution von den lokalen Militärkommandeuren verteilt werden, stehen unter Strafe. Das Strafmaß wird von den lokalen Militärkommandeuren festgesetzt.
5. Spionage, schädliche oder beleidigende Veröffentlichungen und Bekanntgabe von Truppenbewegungen werden mit einem Strafmaß belegt, das der lokale Militärkommandeur als angemessen erachtet.
6. Das Rufen von Schlagwörtern, Bummelei und rüdes Benehmen wird mit Kerker oder schwerer Strafe belegt, je nach Ermessen des lokalen Militärkommandeurs.
7. Mangelnde Loyalität wird mit Gefängnis oder härteren Strafen geahndet.
8. Illegaler Waffenbesitz, Waffenschmuggel und jeder Versuch, Dokumente, Wertsachen, inklusive Geld, oder andere für alle Unternehmen wichtigen Dinge zu stehlen, werden mit der Todesstrafe belegt.
9. Unentschlossenheit und das Fehlen offener Loyalitätsbekundungen für die Revolution werden als Feindschaft bewertet und nach Ermessen des lokalen Militärkommandeurs bestraft.
10. Das Herunterreißen von Tagesbefehlen, Proklamationen oder anderen offiziellen Bekanntmachungen wird mit dem Tode bestraft.

Dies ist das Ende des Außerordentlichen Tagesbefehls, der im übrigen bald öffentlich ausgehängt wird.

Liebe Landsleute, kein Bürger hat sich zu fürchten, wenn er die Gesetze befolgt, wenn er gewissenhaft die seit dem 1. Oktober 1960 erlassenen Gesetze beachtet hat und auch jenen Gesetzen gefolgt ist, die in jedem Herzen und Gewissen verankert sind. Unsere Feinde sind die politischen Profitjäger, Schwindler, jene Männer in hohen oder niederen Stellungen, die korrupt sind und 10 Prozent verlangen, die das Land permanent uneinig erhalten wollen, um Minister oder VIPs bleiben zu können, Tribalisten, Nepotisten, Männer, die in internationalen Zirkeln ihr Land für nichts und wieder nichts als mächtig hinstellen wollen, und jene, die unsere Gesellschaft korrumpiert haben und die politische Uhr Nigerias durch Wort und Tat zurückgestellt haben.

Als gute Soldaten versprechen wir euch keine Wunder oder Sensationen, aber wir versprechen, daß sich jeder Bürger, der die Gesetze beachtet, frei von Furcht und Unterdrückung fühlen kann, befreit von allgemeiner Schluderei, frei, sich im nationalen und internationalen Rahmen zu betätigen. Wir versprechen, daß ihr euch nicht mehr schämen müßt, Nigerianer zu sein ...

Liebe Landsleute, dies ist das Ende meiner Rede. Ich wünsche euch viel Glück, und ich hoffe, daß ihr uns voll bei der Aufgabe, die wir uns selbst gestellt haben – nämlich eine wohlhabende und einige Nation zu schaffen – unterstützen werdet...

(Quelle: A. H. M. Kirk-Greene: »Crisis and Conflict in Nigeria. A documentary sourcebook 1966–1969.« Vol I, Oxford University Press, London, 1971, pp. 125–126)

2. Presseerklärung Dr. Azkiwes vom 16. Januar 1966[1]

Gewalt ist von uns, den Gründern der Republik Nigeria, niemals als politisches Mittel angewandt worden. Gemäß der britischen Tradition haben wir das Colonial Office durch Gespräche dazu gebracht, gemeinsam mit uns die Möglichkeiten der Selbstverwaltung zu erörtern.

Nach den sechs Verfassungskonferenzen der Jahre 1953, 1954, 1957, 1958, 1959 und 1960 hat uns Großbritannien das Recht auf politische Unabhängigkeit für den 1. Oktober 1960 zugestanden.

Keine der politischen Parteien Nigerias hat in dem Kampf um politische Freiheit Gewalt als Mittel angewandt, und wir sind froh, sagen zu können, daß während des Unabhängigkeitskampfes nicht ein einziger Tropfen britischen oder nigerianischen Blutes vergossen wurde. Dieses historische Faktum ermöglichte es mir, in Nigeria öffentlich zu erklären, daß uns die Regierung Ihrer Majestät die Unabhängigkeit auf einem goldenen Tablett serviert hat. Gewiß, meine Zeitgenossen haben mich geschmäht, jedoch historische Tatsachen sind unwiderlegbar.

Ich sehe mit Bedauern, daß unsere »Jung-Türken« beschlossen haben, eine gewaltsame Revolution in Nigeria durchzuführen. Es ist eine unkluge Politik, auch wenn jene und die nigerianische Öffentlichkeit vielleicht durch eigensinnige oder gar tobsüchtige Politiker herausgefordert worden sind.

Ich habe mit dem Oberkommandierenden der nigerianischen Armee, General Aguiye-Ironsi, der verständlicherweise jetzt die Regierungsgeschäfte übernommen hat, Kontakt aufgenommen. Ich habe ihm meine Hilfe für alle Versuche angeboten, weiteres Blutvergießen zu vermeiden, die meuternden Offiziere zu versöhnen, und Ruhe und Ordnung wiederherzustellen. Sobald ich von ihm höre, werde ich nach Nigeria zurückkehren.

Was mich betrifft, so betrachte ich die Ermordung unserer politischen und militärischen Führer als nationales Unglück...

[1] Diese Presseerklärung wurde in England abgegeben.

(Quelle: A. H. M. Kirk-Greene, a. a. O., pp. 127)

3. Erklärung von Generalmajor Ironsi am 16. Januar 1966 in Lagos

Die Regierung der Föderation Nigeria hat aufgehört zu bestehen. Die nigerianische Armee ist aufgefordert worden, eine militärische Interimsregierung zu bilden, um Ruhe und Ordnung wiederherzustellen und das Funktionieren der Verwaltung zu garantieren.

Diese Aufforderung ist angenommen worden, und ich, General J. T. U. Aguiyi-Ironsi, Oberkommandierender der nigerianischen Armee, bin offiziell zum Chef der Militärregierung und Oberbefehlshaber aller Truppenteile ernannt worden.

Suspendierung bestimmter Teile der Verfassung.
Hiermit verfügt die Militärregierung:
a) Die Suspendierung jener Paragraphen in der Föderationsverfassung, die sich auf das Amt des Präsidenten, die Zusammensetzung des Parlaments und das Amt des Premierminister beziehen.
b) Die Suspendierung jener Paragraphen in den Regionalverfassungen, die sich auf das Amt der Regionalgouverneure, der regionalen Premiers oder auf die regionalen Exekutiven und Legislativen beziehen.

Ernennung regionaler Militärgouverneure.
Die Militärregierung verfügt weiter:
a) Für jede Region der Föderation wird ein Militärgouverneur ernannt, der direkt der Militärregierung verantwortlich ist.
b) Die letzten verfassungsmäßig bestallten Regionalgouverneure werden zu Beratern der Militärgouverneure ernannt.

Die Judikative, der Beamtenapparat und die Polizei.
Die Militärregierung verfügt weiter:
a) Der Oberste Richter und alle anderen mit richterlichen Funktionen betrauten Personen innerhalb der Föderation bleiben im Amt, und die Judikative im ganzen arbeiten gemäß den bestehenden Vorschriften weiter.
b) Alle Beamten der Föderation und der Regionen bleiben im Amt und erfüllen ihre Pflichten wie bisher. Ebenso werden die nigerianische Polizei und die nigerianische Spezial-Schutzmannschaft wie bisher ihre Aufgaben wahrnehmen.
c) Die lokalen Polizeieinheiten sowie die lokale Hilfspolizei werden unter den Befehl des Generalinspektors gestellt.

Innenpolitik.
Betreffs der inneren Angelegenheiten der Föderation verkündet die Militärregierung:
a) daß sie beschlossen hat, das gegenwärtige Durcheinander in der Westregion und im Tiv-Gebiet zu beenden,
b) daß sie das Kriegsrecht über jene Gebiete verhängen wird, in denen Unruhen herrschen,
c) daß sie in der Föderation für Ruhe und Ordnung sorgen wird, bis eine neue Föderationsverfassung, die in Einklang mit den Wünschen des Volkes stehen soll, verabschiedet ist.

Außenpolitik.
Betreffs der Außenbeziehungen verkündet die Militärregierung:
a) daß es wünschenswert ist, die bestehenden diplomatischen Beziehungen mit anderen Staaten aufrechtzuerhalten,
b) daß es unsere Absicht ist, alle Verträge und Finanzabkommen, die die vorige Regierung geschlossen hat, einzuhalten.

Mitarbeit der Bürger.
Die Militärregierung ruft alle Bürger Nigerias auf, hinsichtlich der dringenden Aufgabe Ruhe und Ordnung in der gegenwärtigen Krise wiederherzustellen, mit

uns zusammenzuarbeiten. Ansonsten soll jeder seiner normalen Beschäftigung nachgehen.

(Quelle: A. H. M. Kirk-Greene, a. a. O., pp. 127–129)

4. *Das Dekret Nr. 34 vom 24. Mai 1966.*
Die Militärregierung der Föderation verfügt hiermit:
1. Nach den Bestimmungen dieses Dekretes hört Nigeria am 24. Mai 1966 (...) auf, eine Föderation zu sein. Von diesem Tag an ist Nigeria Republik, heißt hinfort »Republik Nigeria«, und besteht aus dem Territorium, welches bisher in der Föderation zusammengefaßt war:
2. 1. Von diesem Datum an ...
   a) werden die Militärregierung der Föderation und der Exekutivrat der Föderation die Bezeichnung Nationale Militärregierung und Exekutivrat annehmen,
   b) wird das »Bundesland« umbenannt in »Gebiet der Hauptstadt«,
   c) werden die Provinzen (einschließlich des Gebiets von Kaduna), die vor Erlaß dieses Dekretes Nordnigeria, Ostnigeria, Westnigeria und Mittelwestnigeria gebildet haben, umgewandelt in die Nordprovinzen, die Ostprovinzen, die Westprovinzen und die Mittelwestprovinzen,
   d) werden alle Provinzgruppen verwaltungsmäßig direkt dem Vorsitzenden der Nationalen Militärregierung unterstellt. Für jede der Provinzgruppen ernennt der Vorsitzende der Nationalen Militärregierung einen Militärgouverneur...

(Quelle: in: A. H. M. Kirk-Greene, a. a. O., pp. 169–173)

5. *Radioansprache des Militärgouverneurs der Ostprovinzen, Ojukwu, vom 30. Mai 1966:*

In den Nordprovinzen hat es in den letzten 24 Stunden Unruhen gegeben. Diese Unruhen stehen in unmittelbarem Zusammenhang mit der Rede über nationale Einheit, die der Vorsitzende der Militärregierung und Oberkommandierende vor einigen Tagen gehalten hat. Zweifellos haben viele von euch die gestrige Stellungnahme des Oberkommandierenden gehört, in der er die Meinung vertritt, die Unruhen seien von einigen wenigen irregeleiteten Nigerianern und Ausländern, die Uneinigkeit unter unserer Bevölkerung säen wollen, verursacht worden. Zweifellos habt ihr auch die Radioansprache des Militärgouverneurs der Nordprovinzen gehört, in der er ernsthafte Schritte zur Wiederherstellung von Ruhe angekündigt hat.
Seit die Nationale Militärregierung vor fünf Monaten die Macht übernommen hat, hat sie sich bemüht, eine Atmosphäre zu schaffen, in der alle Nigerianer als Brüder leben und arbeiten können. Es ist außerordentlich bedauerlich, daß einige Leute durch unüberlegte Handlungen die Uhr zurückdrehen wollen. Die Militärregierung will die nationale Einheit vorantreiben und aufrechterhalten, und sie wird sich durch die erwähnten Unruhen nicht von diesem Ziel abbringen lassen. Ich versichere euch, daß die Nationale Militärregierung alle notwendigen Anstrengungen unternehmen wird, um die Lage zu normalisieren. Die bisher unternommenen Schritte hatten einen begrüßenswerten Erfolg. Jene Nigerianer, die

die Unruhen schüren, haben die Konsequenzen für ihr Tun zu tragen, und die ausländischen Hintermänner werden ebenfalls angemessen bestraft.
Ich möchte euch allen versichern, vor allem jenen, die Verwandte in den Unruhegebieten haben, daß kein Grund zur Panik besteht. Die Militärregierung wird alles Notwendige einleiten. Niemand sonst darf das Gestz in die eigene Hand nehmen oder noch mehr Unruhe stiften. Jeder soll seiner Arbeit nachgehen. Jeder soll sicher sein, daß die Regierung Herr der Situation ist.
Zum Schluß möchte ich jeden vor unüberlegten Reden und Gerüchtemacherei warnen. In unserer heutigen Situation kann so etwas die Lage nur verschlimmern...

(Quelle: A. H. M. Kirk-Greene, a. a. O., pp. 179–180)

6. Regierungserklärung vom 31. August 1966 über das Dekret Nr. 59 (Abschaffung der Regionen)

In Erfüllung der Verpflichtungen, die Generalleutnant Yakubu Gowon, Vorsitzender der Nationalen Militärregierung und Oberkommandierender der Armee, bei seiner Machtübernahme übernommen hat, ist heute ein neues Dekret unterzeichnet worden. Dieses Dekret, das morgen in Kraft tritt, stellt den Zustand Nigerias wie er vor dem 24. Mai 1966 bestanden hat, wieder her.
Mit diesem Dekret wird das föderative System im ganzen Land wiederhergestellt. Die Militärregierung ist hinfort die Militärregierung der Föderation, die Provinzgruppen werden wieder zu Regionen, das »Gebiet der Hauptstadt Lagos« wird wieder Föderationsterritorium, die »National Public Service Commission« wird wieder zur »Federal Public Service Commission«,...
Das Dekret Nr. 34 vom 24. Mai ist damit aufgehoben. Aber zwei weitere Dekrete werden ebenfalls aufgehoben. Das erste ist das Dekret Nr. 14, durch das der Justizminister der Republik ermächtigt wurde, nach eigenem Ermessen gerichtlich gegen jeden nach jedem Gesetz vorzugehen. Das zweite ist das Dekret Nr. 36, durch das der Oberste Militärrat ermächtigt wurde, nach Konsultation mit dem Beratenden Justizkomitee, für ganz Nigeria Justizbeamte zu ernennen...

(Quelle: A. H. M. Kirk-Greene, a. a. O., pp. 215–216)

7. Persönlicher Brief Ojukwus an Gowon und die Militärgouverneure Hassan, Adebayo, Ejoor, 25. Oktober 1966

Nach langer und reiflicher Überlegung fühle ich mich gezwungen, diesen Brief zu schreiben. Ich tue dies mit schwerem Herzen, tiefem Verantwortungs- und Pflichtbewußtsein und hege keine Zweifel, daß Sie meine Empfindungen teilen.
2. In erster Linie schreibe ich als Bürger Nigerias, der sich von den Militärs eine gute, pflichtbewußte, mutige Regierung zum Wohle der Nation erhoffte. In zweiter Linie schreibe ich als Soldat, der – wie Sie und andere – aus Pflichtbewußtsein ein verantwortungsreiches Amt übernommen hat, um unser geliebtes Land wieder von einem wahnsinnigen und verderblichen Weg zurück auf den Weg des Fortschritts zu führen.
3. Die erste Pflicht eines Soldaten ist es, die Integrität seines Vaterlandes zu bewahren. Um diese Pflicht zu erfüllen, kann kein Preis zu hoch sein. Ein Soldat wird nicht ausgebildet, um zu regieren, sondern um sein Land zu verteidigen.

Wenn die Umstände ihn jedoch zwingen, in die Politik seines Landes einzugreifen, so tut er das nur, weil es seine Pflicht ist, korrigierend einzugreifen. Als parteiloses Mitglied der Gesellschaft muß er seine Pflicht klar und objektiv erfüllen, frei von Vorbelastungen und Fremdeinflüssen.
...

7. Es ist bedauerlich und tragisch, daß wir dem Volk, das in uns soviel Vertrauen gesetzt hat, und der Welt, die in der Armee alle Hoffnungen auf ein potentiell großes, politisch aber verratenes Land verkörpert sah, bereits jetzt zu zeigen scheinen, daß wir dieser Aufgabe nicht gewachsen sind. Bewußt oder unbewußt, scheinen wir den korrupten und schlechten Politikern, die das Land an den Rand des Zusammenbruchs gebracht haben ..., zuzusichern, daß sie bald unversehrt ihre früheren Machtpositionen wieder einnehmen können. Eine ganze Anzahl von ihnen rüstet sich bereits für die Rückkehr – mit Rachegefühlen!

8. Die Öffentlichkeit ist besorgt, erschreckt und enttäuscht. Die Leute denken, daß die Armee, die für sie die letzte Hoffnung auf Rettung darstellte, sich nicht nur vor der Verantwortung drückt, sondern daß sie sich sogar verteidigt, weil man ihr die Ehre übertragen hat, sich um die Nation zu kümmern.
...

16. Um auf das schwere Los, das das Schicksal der Armee übertragen hat, zurückzukommen: es ist wichtig, daß wir hinsichtlich der Dinge, die wir tun, und hinsichtlich des Weges, den wir gehen wollen, einig sind. Unglücklicherweise erlauben es mir die Zustände im Land nicht, an einem Treffen in Lagos oder an einem anderen Ort, an dem sich Soldaten aus dem Norden aufhalten, teilzunehmen ... Aber es ist sehr wichtig, daß wir uns irgendwie, irgendwo treffen, um alles zu bereden. Ich unterbreite diesen Vorschlag mit Nachdruck, denn ich kenne sehr gut die traurigen Folgen, die sich ergeben werden, wenn wir wie jetzt weiter auf einen Abgrund von Verwirrung und Unsicherheit zutreiben ...

(Quelle: A. H. M. Kirk-Greene, a. a. O., pp. 282–286)

8. General Gowons Pressekonferenz über die Zusammenkunft in Aburi, 26. Januar 1967

Unser Hauptanliegen in Aburi war die Frage, wie wir das Land zusammenhalten können und wie wir eine Normalisierung der Lage erreichen können. Wir haben die Situation in der nigerianischen Armee besprochen und Einigkeit darüber erzielt, daß es wie bisher nur eine nigerianische Armee unter einem gemeinsamen Kommando geben soll. In Zusammenhang mit den Ereignissen des Jahres 1966 haben wir erkannt, daß es – um dieses Ziel zu erreichen – das beste ist, die Armee auf Regionsbasis zu organisieren. Das heißt: die Mehrzahl der Soldaten wird aus der Bevölkerung der jeweiligen Region rekrutiert. Jede Regionaleinheit wir dem Kommando eines Regionalkommandeurs unterstellt, der seine Befehle vom Militärhauptquartier erhält, das direkt mir, als dem Oberkommandierenden der Armee, untersteht. Gemäß den Vereinbarungen kann der Militärgouverneur die Einheiten zum Zwecke der inneren Sicherheit einsetzen. Im allgemeinen müßte dies aber mit ausdrücklicher Genehmigung des Vorsitzenden der Militärregierung der Föderation geschehen. Im Endeffekt haben wir uns also gegen reine Regionalarmeen entschieden. Wir haben auch Einigkeit darüber

erzielt, daß alle politischen Fragen, die die Armee betreffen, von dem Obersten Militärrat geregelt werden...
Wir sind nicht nach Aburi gegangen, um eine neue Verfassung für Nigeria zu schreiben. Die wird in Nigeria, von Nigerianern, im Auftrag des nigerianischen Volkes geschrieben. Wir haben jedoch beschlossen, zum status quo vom 17. Januar 1966 zurückzukehren. Dies entspricht meinen früheren Äußerungen, daß alle Dekrete, die in Richtung einer Überzentralisierung tendieren, abgeschafft werden. Wir werden, bis eine neue Verfassung verabschiedet ist, gemäß der bestehenden föderativen Verfassung und dem bestehenden föderativen Regierungssystem arbeiten...

(Quelle: A. H. M. Kirk-Greene, a. a. O., pp. 352–354)

9. Ojukwus Ansprache vor der Beratenden Versammlung der Ostregion, 26. Mai 1966

... Wieder einmal bedeutet es mir eine Ehre, Sie zu begrüßen. Ich tue dies mit Demut und Pflichtbewußtsein. Obwohl dieses Gremium in der letzten Zeit nicht zusammengetreten ist, habe ich laufend jeden Tag Personen aus allen Lebensbereichen und aus allen Gegenden besucht und mit ihnen diskutiert...
Die Zusammenkunft heute ist entscheidend. Die Ostregion befindet sich am Scheideweg. Seit unserem letzten Treffen ist von den Feinden der Ostregion alles Mögliche getan worden, um die Krise zu schüren, damit die Ostregion zusammenbrechen möge. Es ist ihnen nicht gelungen, und es wird ihnen nicht gelingen. Trotzdem halte ich es für notwendig, Ihnen die Fakten darzulegen, die Probleme, Schwierigkeiten und Gefahren aufzuzeigen, damit Sie alles prüfen können und mich auf dem Weg, den wir ab jetzt gehen werden, beraten können. Wie gewöhnlich bitte ich um Offenheit und Objektivität...
Ich habe gesagt, daß in Aburi bezüglich der politischen und militärischen Kontrolle des Landes beschlossen wurde, das Land föderativ zu regieren. Gleich nach der Rückkehr aus Aburi habe ich es als meine Pflicht angesehen, der Öffentlichkeit in Ostnigeria durch die Presse die Entscheidungen von Aburi zu erklären, und soweit es mir meine Verantwortung erlaubte, auch die Implikationen. In Lagos haben die Staatssekretäre die Empfehlungen geprüft und klar und unmißverständlich – was sie ehrt – ihre Meinungen und Implikationen dargelegt. Danach jedoch haben sie unglücklicherweise ihre Rechte und Pflichten als Beamte überschritten... Und genau hier haben unsere Schwierigkeiten angefangen...
Wir haben eine Lebensform, ein stolzes Erbe zu verteidigen und zu bewahren. Wir wollen als fortschrittliche Gesellschaft unsere demokratischen und freien Institutionen bewahren und nicht an Fortschritt und Entwicklung durch feudalistische und reaktionäre Kräfte gehindert werden, wie es in all den Jahren der Fall gewesen ist.
Wie ich anfangs bereits sagte, brauche ich Ihren Rat und Ihre Führung auf dem Weg, den wir von jetzt an gehen werden. Wenn die Autoritäten in Lagos und Kaduna wie jetzt auch weiterhin unsere aufrechten Vorschläge für eine Assoziation souveräner Einheiten zurückweisen, weil sie das ganze Land durch eine starke Zentralregierung beherrschen wollen, dann erwarte ich von den Bewohnern dieser Region, daß sie bis zum letzten Mann den aggressiven Plänen Widerstand leisten. Die Massendemonstration in der gesamten Region für eine Unterstützung

unseres Standpunktes haben mich ermutigt. Ich habe auch laufend Bitten und Appelle erhalten, in denen der formale Bruch mit einigen Teilen des Landes gefordert wird...
Diese Rede ist sehr lang gewesen und ich muß aufhören. Viele von Ihnen mögen sich fragen, was unsere Regierung hinsichtlich der neuen Provinzverwaltung getan hat. Ich möchte Sie versichern, daß alles in dieser Richtung getan worden ist. Viele administrative und technische Einzelheiten müssen aber vervollständigt werden, bevor das neue System voll arbeitsfähig ist. Was getan werden konnte, wurde getan; so zum Beispiel sind Verwaltungsbeamte für die neuen Abteilungen und Provinzen ernannt worden. Was zu tun bleibt, wird so schnell wie möglich getan werden... *(Quelle: A. H. M. Kirk-Greene, a. a. O., pp. 427–444)*

10. *Auszüge aus der Radioansprache General Gowons nach der Kapitulation Biafras, 12. Januar 1970*

Generalmajor Yakubu Gowon erklärte, daß er eine Amnestie verspreche für »alle, die zu nutzlosen Versuchen verführt wurden, das Land zu teilen. Wir haben einen der größten Augenblicke in der Geschichte unserer Nation erreicht....«
Die Kapitulation Biafras ist »ein großer Sieg für nationale Einheit und Versöhnung... Wir haben das Ende eines tragischen und schmerzlichen Konfliktes erreicht... Wir alle haben die Leute, die befreit von der Tyrannei und dem Haß Ojukwus und seiner Bande sind, mit offenen Armen begrüßt. Lang lebe das einige Nigeria. Wir danken Gott für seine Gnade«.
(Auszugsweise wiedergegeben in: Africa Research Bulletin, 1970, p. 1644)

B. Sudan

1. *Memorandum zur Politik gegenüber dem Südsudan (1930)*

Die Politik der Regierung gegenüber dem Südsudan besteht darin, selbständige rassische oder tribale Einheiten zu schaffen, deren Struktur und Organisation, soweit es den Erfordernissen von Gerechtigkeit und ordentlicher Regierung entspricht, auf den autochthonen Sitten, Gebräuchen und Anschauungen basieren.
Die im Sinne dieser Politik bereits getroffenen und zu treffenden Maßnahmen werden noch einmal formuliert:
A. Bereitstellung von nichtarabischsprechendem Personal (Verwaltung, Kirche und Spezialbereiche)
a) Verwaltungspersonal.
Die schrittweise Ausschaltung der Mamur, gleichgültig ob es sich um Schwarze oder Araber handelt. Hiermit wurde bereits begonnen, und es ist beabsichtigt, diesen Prozeß gemäß den sich bietenden Gelegenheiten weiterzuführen.
b) Kirche.
Es ist seit einigen Jahren erklärte Politik gewesen, die Büroangestellten und Buchhalter aus dem Norden durch Südsudanesen zu ersetzen und als offizielle Verwaltungssprache Englisch einzuführen.
In der Provinz Bahr-al-Glazal ist die Umstellung auf Englisch bereits durchgeführt und eine große Anzahl von Südsudanesen konnte eingesetzt werden.

Der Prozeß muß sich schrittweise vollziehen. Es ist bekannt, daß die Südsudanesen gegenwärtig noch nicht für höhere Ämter befähigt sind. Es hängt davon ab, wie schnell die beiden Mittelschulen der Mission in Mongalla und die Mittel- und Hauptschulen in Wau gut ausgebildete und Englisch sprechende Südsudanesen hervorbringen können. Die Missionen müssen einen Teil dieser Leute als Lehrer für ihre Grundschulen (die ein wesentlicher Faktor des Erziehungssystems sind) behalten; aber da die Einstellung von Südsudanesen außerordentlich wichtig für unsere allgemeine Politik ist, sollten die Leiter der Missionsschulen zur Zusammenarbeit ermutigt werden und Südsudanesen in den Verwaltungsdienst entsenden.

Die Behörden in den Provinzen müssen für ständigen Nachwuchs in den lokalen Schulen sorgen, die dann wieder die Mittelschulen beschicken.

c) Spezialbereiche.

Im allgemeinen gelten die oben gemachten Überlegungen auch für den Nachwuchs in anderen Bereichen – Landwirtschaft, Medizin, öffentliche Arbeiten usw.; aber in Einzelfällen ist es nicht so außerordentlich wichtig, daß die Jungen, die in diesen Abteilungen ausgebildet werden, auch die Mittelschule beenden.

B. Kontrolle der aus dem Norden einwandernden Händler.

Es ist das Ziel der Regierung, soweit wie möglich griechische und syrische Händler zuzulassen und keine Gellaba. Die Vergabe von Zulassungen an die letzteren sollte unauffällig, aber beständig verringert werden. Und nur die besten Gellaba, deren Interessen rein wirtschaftlich sind und einwandfrei betrieben werden, sollen zugelassen werden. Es ist wichtig, die Handelserlaubnis für Gellaba auf Städte und auf feste Straßen zu beschränken...

Civil Secretary's Office, Khartoum, 25. Jan. 1930

(Quelle: Mohamed Omer Beshir, The Southern Sudan, Background to Conflict, Khartoum, University Press, 2nd Ed. 1970, pp. 115–118)

2. *Memorandum zur Politik gegenüber dem Südsudan (1946)*

Betrifft Geheimmeldung Khartoum Nr. 89 vom 4. August 1945. Kopien wurden Ihnen (oder Ihren Amtsvorgängern) persönlich unter der angegebenen Nummer zugestellt.

2. Sie sehen, daß in Paragraph 2 der Meldung drei Möglichkeiten für die politische Zukunft des Südsudan aufgezeigt werden. Der entscheidende Satz lautet: Nur wenn sie wirtschaftlich und erzieherisch entwickelt werden, können sich diese Menschen in der Zukunft für sich selbst einsetzen, gleichgültig ob sie mit dem Nordsudan oder Ostafrika vereinigt werden (oder ob sie zwischen beiden aufgeteilt werden).

3. Seit die Meldung verfaßt wurde und seit die politischen Entscheidungen, die sie enthält, getroffen wurden, sind nicht nur weitere politische Entscheidungen hinsichtlich des Südens gefällt worden (eine Liste ist angefügt), sondern wichtige Veränderungen hinsichtlich des gesamten Landes haben stattgefunden. Was immer die gegenwärtigen Vertragsverhandlungen im Endeffekt für die innere Situation des Sudan bedeuten mögen, es ist sicher, daß sie den Nordsudan der Selbstverwaltung näherbringen. Damit ist der schrittweise Abbau

des britischen Einflusses und eine öffentliche Erörterung der Südsudan-Frage verbunden. Es ist daher sehr wichtig, sobald wie möglich die Politik gegenüber dem Südsudan zu formulieren; und zwar so zu formulieren, daß sie öffentlich erklärt und unterstützt werden kann. Das heißt, sie muß auf gesunden und konstruktiven sozialen und wirtschaftlichen Prinzipien basieren ...
Wie Sie aus den bisherigen Paragraphen ersehen, will ich nicht, daß die Zukunft der zwei Millionen Südsudanesen von Beschwichtigungsversuchen der bisher unreifen und schlecht informierten Politiker aus dem Norden beeinflußt wird. Aber es sind die Sudanesen, Nord- und Südsudanesen, die in Zukunft in diesem Lande leben und ihre Angelegenheiten selbst regeln werden. Wir sollten unsere Anstrengungen jetzt darauf richten, eine Politik einzuleiten, die nicht nur vernünftig ist, sondern die auch von einsichtigen Sudanesen, ob aus dem Norden oder aus dem Süden, akzeptiert werden kann.
Seit der ergangenen Meldungen und Anlagen Seiner Exzellenz aus dem Jahre 1945 haben sich – abgesehen von der raschen politischen Entwicklung im Norden – folgende Entscheidungen herauskristallisiert:

a) ..., die Pläne hinsichtlich einer besseren Zusammenarbeit zwischen Ostafrika und dem Südsudan sind als zu verschwommen befunden worden und sind verbunden mit dem Staudammprojekt am Albert-See. Wie immer die Möglichkeiten liegen, für uns besteht kein Grund, zwischen den Alternativen – Ausbau des Handels zwischen Südsudan und Ostafrika einerseits und Ausbau des Handels zwischen Süd- und Nordsudan andererseits – zu schwanken. Ich glaube, unsere Erfolgschance liegt in der Beschränkung auf das Ziel, den Handel im Süden zu entwickeln und den Handel zwischen Nord- und Südsudan auszubauen.

b) Zur Schulfrage: Ich glaube, daß die Hoffnung des Südens auf eine Oberschule berechtigt sind, während er auf Hochschulen nicht hoffen kann. Meiner Meinung nach sollten die Südsudanesen Hochschulbildung auf dem Gordon-Gedächtnis-Kolleg erhalten – Arabisch wird dort nicht unbedingt verlangt. Arabisch sollte aber von allen Mittelschulen an aufwärts gelehrt werden.

c) Die Unterschiede in der Bezahlung usw. für Regierungsangestellte, die unnatürlichen Arbeitsbeschränkungen für Südsudanesen im Norden, die versuchte wirtschaftliche Trennung und alle vergleichbaren Maßnahmen werden immer unhaltbarer; zumal der wachsende Bedarf an Nordsudanesen für die Entwicklung des Südens, die wachsenden Bindungen zwischen Nord und Süd sowie die Durchdringungspolitik des Nordens die frühere Isolation des Südens durchbrechen und die erwähnten Bestimmungen umgehen.

... Wir sollten jetzt von der Voraussetzung ausgehen, daß der Sudan, von kleineren Grenzkorrekturen abgesehen, in seinem derzeitigen Umfang als ein Land bestehen bleibt. Und wir sollten unsere Politik gegenüber dem Süden in der Öffentlichkeit folgendermaßen formulieren:
»Die Politik der sudanesischen Regierung gegenüber dem Süden beruht auf den Tatsachen, daß die Südsudanesen zwar Schwarzafrikaner sind, daß sie aber durch geographische Lage und wirtschaftliche Beziehungen (soweit das derzeitig vorausgesehen werden kann) für die Zukunft untrennbar mit dem arabischen Norden verbunden sind ...«

J. W. Robertson, Civil Secretary
(Quelle: Mohamed Omer Beshir, a. a. O., pp. 119–121)

3. *Brief der »Afrikanisch-Nationalen Union des Sudan« (SANU) an den Premierminister des Sudan, November 1964*

Südsudanesisches Flüchtlingslager:
P. O. Box 20054, *Kampala,* Uganda
und
P. O. Box 2386 Leopoldville, Kongo-Rep.

Herr Premierminister,
wir, die Repräsentanten der »Afrikanisch-Nationalen Union des Sudan« (in der Folge kurz SANU genannt), möchten als Vertreter der Interessen der Südsudanesen, Ihnen, Ihrer Regierung, den politischen Parteien des Sudan, der Universität Khartoum, den Richtern, uns selbst und allen Sudanesen, die auf diese oder jene Art dazu beigetragen haben, die unter dem Militärregime bedrohte politische Freiheit und Demokratie wiederzugewinnen, hiermit gratulieren...

Obwohl wir bedauern, daß der politische Wechsel in beiden Teilen des Sudan so viele Menschenleben gekostet hat, möchten wir dennoch Präsident Ibrahim Abboud beglückwünschen, weil er sich mit Mut und Einsicht, freiwillig und ehrenhaft dem allgemeinen Willen des sudanesischen Volkes gebeugt hat.

Wir begrüßen auch die Meldung Ihrer Regierung, daß spätestens bis März 1965 allgemeine Wahlen abgehalten werden sollen. Ebenso begrüßen wir die Nachricht von der Freilassung politischer Gefangener.

Wie Sie wissen, halten sich derzeitig viele Flüchtlinge aus dem Südsudan – die Zahl geht in die Tausende – in verschiedenen afrikanischen Staaten auf, in denen ihnen politisches Asyl gewährt wurde. Die meisten befinden sich in Uganda, Kongo-Leopoldville, Äthiopien, in der Zentralafrikanischen Republik, in Kenia und Tansania (Tanganyika). Die Flüchtlinge stellen einen Querschnitt des gesamten südsudanesischen Volkes dar. Unter ihnen befinden sich Politiker, Arbeiter, Techniker, Häuptlinge und Studenten. Einige der Flüchtlinge kamen bereits nach der ersten Revolte des Südens im Jahre 1955, also zur Zeit der ersten Regierung des unabhängigen Sudan. Die größere Anzahl verließ das Land zwischen 1958 und 1964, also unter der Herrschaft der Militärs. Danach war die Politik der Militärs vergleichbar den früheren Praktiken in Kolonialgebieten; eine Tatsache, durch die die Zukunft des Sudan bedroht war...

Jetzt, da der Sudan unter Ihrer Führung einmal mehr eine demokratische Republik geworden ist, möchten wir unserem Wunsche Ausdruck verleihen, unter den folgenden Bedingungen in unser Vaterland zurückzukehren:

a) Ihre Regierung soll eine allgemeine Amnestie für alle Flüchtlinge erlassen, von denen die meisten vermutlich zurückkehren wollen. Wir sind bereit, sie zur Rückkehr zu ermutigen.

b) SANU soll als politische Partei anerkannt werden und das Recht haben, sich an den bevorstehenden allgemeinen Wahlen über die Politik eines föderativen Sudan zu beteiligen. Da zwischen der SANU und der Liberalen Partei des Südens hinsichtlich einer Föderation keine Unterschiede bestehen, besteht die Möglichkeit, daß die beiden Parteien sich zusammenschließen und gemeinsam den Süden vertreten.

c) Ihre Regierung soll eine schriftliche Garantieerklärung darüber abgeben, daß keiner der Flüchtlinge und SANU-Führer verfolgt wird. Diese Erklärung soll bei dem Generalsekretär der Organisation für Afrikanische Einheit (OAU)

in Addis-Abeba und bei dem Generalsekretär der Vereinten Nationen in New York hinterlegt werden.
...
f) Die Tatsache soll anerkannt werden, daß der Sudan ein afroarabischer Staat ist; ein Staat mit zwei unterschiedlichen Volksgruppen, Kulturen und Eigenarten; negroid und arabisch (ganz abgesehen von den Faktoren Sprache und Religion). Weder der Islam noch das Christentum, noch die arabische Sprache können den Sudan einigen ... Einheit trotz Unterschiedlichkeit heißt die Antwort auf die Süd-Frage. Und diese Einheit kann durch eine föderative Verfassung geschaffen werden. Der Kampf des Südens, der in erster Linie ein politischer Kampf ist, wird von Südsudanesen aller Glaubensrichtungen geführt – von Christen, Mohammedanern, Heiden, usw....

... Wir haben die Armee zum Rücktritt gezwungen, und wir stehen heute wieder dort, wo wir 1958 gestanden haben. Die Übergangsverfassung von 1956 ist wieder gültig, und wir werden eine Verfassunggebende Versammlung wählen, die eine endgültige Verfassung erarbeiten soll. So weit, so gut! Aber haben wir wirklich genug Mut, um den Teufelskreis zu durchbrechen? Gewiß, der Norden kann ohne den Süden existieren und umgekehrt, aber genau dies sollte durch vernünftige und gewissenhaftere Überlegungen vermieden werden...
Falls aber unsere bescheidenen Forderungen von der neuen Zivilregierung, auf die wir so lange gewartet haben, mißachtet werden, sind wir bereit, unsere Gürtel enger zu schnallen und den Kampf fortzusetzen...

(Quelle: Mohamed Omer Beshir, a. a. O., pp. 154–157)

4. *Bedingungen der SANU für eine Teilnahme an einer Konferenz aller sudanesischen Parteien, 1965.*

In Übereinstimmung mit den Resolutionen, die auf dem SANU-Treffen am 20. Januar 1965 in Kampala/Uganda über Verhandlungen zwischen der SANU und den politischen Parteien des Nordens in Juba/Südsudan verabschiedet wurden, ist ein dreiköpfiges Komitee gegründet worden, das die Verhandlungsbedingungen erarbeitet hat. Die Bedingungen lauten:
1. a) SANU appelliert an alle Südsudanesen, die Kämpfe im Südsudan einzustellen.
   b) Sobald das geschehen ist, soll die Verhängung des Notstandes im Südsudan aufgehoben werden.
2. a) Die Regierung soll allen verhandelnden Parteien und anderen Teilnehmern die persönliche Sicherheit garantieren.
   b) Der über Juba verhängte Notstand soll anläßlich der Verhandlungen aufgehoben werden.
3. Vertreter der Regierung von Uganda sollen als Beobachter an den Verhandlungen teilnehmen.
4. Die einheimische und ausländische Presse soll zu den Verhandlungen zugelassen werden.
5. Die Mitglieder der SANU-Delegation dürfen ungehindert ausreisen um den SANU-Angehörigen außerhalb des Südsudan die Verhandlungsergebnisse darzulegen.

6. Die Konferenz soll eine Lösung der Südsudan-Frage finden.

Unterschrift der Komiteemitglieder:
William Deng Nhial   Michael Wall Duany   Elia Lupe

(Quelle: Mohamed Omer Beshir, a. a. O., p. 162)

5. *Eröffnungsansprache des Premierministers, Sayed Sir El Khatim Khalifa; Konferenz über den Südsudan, März 1965 in Khartoum*

... Meine Herren, das Anliegen dieser Konferenz wurde von den verschiedenen politischen Parteien des Sudan auf den vorbereitenden Sitzungen wie folgt definiert:

>Die Süd-Frage soll mit der Zielsetzung diskutiert werden, ein Übereinkommen zu erreichen, das sowohl den Regionalinteressen des Südens als auch dem nationalen Gesamtinteresse des Sudan gerecht wird.‹

Unter diesem Blickwinkel betrachtet, hat diese Konferenz nicht nur eine historische Bedeutung für den Sudan und seine Südprovinzen, sondern auch für alle anderen afrikanischen Staaten; ja, für alle Staaten und Gebiete der Welt, in denen man versucht, politische Probleme auf friedlichem und demokratischem Wege zu lösen ...

Das zu erörternde Problem betrifft nicht allein den Sudan; es betrifft alle afrikanischen Staaten von heute und andere, vor allem junge Staaten, in der ganzen Welt. Insofern werden die Beschlüsse dieser Konferenz ein Präzedenzfall nicht nur für die Geschichte des Sudan sein, sondern auch ein Präzedenzfall für die Entwicklung anderer junger Staaten, vor allem für die Staaten Afrikas. Ähnlich wird der Weg, den wir für die Lösung dieses Problems gewählt haben, nämlich den Weg der Offenheit, des guten Willens und demokratischer Verhandlungen, ein Beispiel für die ganze Welt sein; ...

Das Problem, dem sich der Sudan hinsichtlich seiner Südprovinzen gegenübergestellt sieht, ist, wie in anderen afrikanischen Staaten auch, kompliziert, vielschichtig und auf verschiedene Ursprünge zurückzuführen. Bis zu einem gewissen Grade ist es das Resultat natürlicher geographischer und soziologischer Faktoren. Ebenso ist es das Resultat bestimmter historischer Faktoren, unter denen als der wichtigste die imperialistische Politik zu nennen ist, nach der das Land vor der Unabhängigkeit regiert wurde.

Schließlich ist das gegenwärtige Problem zum Teil auf bestimmte Faktoren in der Gegenwart zurückzuführen: zum einen auf das Versagen der nationalen Regierungen, sich nach der Unabhängigkeit mit dem Problem auseinanderzusetzen; zum anderen auf die Einmischungsversuche gewisser ausländischer Kreise, deren Interesse es ist, den Fortschritt dieses Landes im besonderen und den Fortschritt Afrikas in Richtung Einheit im allgemeinen zu bremsen.

... Meine Herren, der Arabismus, ein grundlegender Faktor für die Mehrheit der Bevölkerung dieses Landes und für die Bevölkerung vieler anderer afrikanischer Staaten, ist kein rassistisches Konzept, das die Angehörigen einer bestimmten Rasse verbindet. Arabismus ist ein sprachliches, kulturelles und nicht-rassisches Band, welches Angehörige verschiedener Rassen verbindet, Schwarze, Weiße und Braune. Wäre der Arabismus etwas anderes, so wären die meisten modernen Araber – ob es sich um Afrikaner, Asiaten oder Nordsudanesen handelt – keine

›Araber‹. Ebenso wie Arabismus ein kulturelles und kein rassisches Band darstellt, ist der Afrikanismus ebenfalls ein geographisches und politisches, aber kein rassisches Band. Er verbindet die Bevölkerung unseres großen Kontinents, unabhängig von den Unterschieden in Rasse, Farbe und Sprache.
Im Sudan, ..., haben sich im Norden der Arabismus und der Afrikanismus so vollkommen vermischt, daß es selbst durch Abstraktion nicht möglich ist, zwischen beiden einen Unterschied aufzuzeigen. Die Bevölkerung fühlt, daß sie gleichzeitig arabisch und afrikanisch ist; beides zu gleichen Teilen und völlig widerspruchsfrei. Folglich sind alle ernsthaften Sudanesen, ob sie aus dem Norden, dem Süden, dem Osten oder dem Westen stammen, vollkommen einig darüber, daß hart und fortdauernd für den Fortschritt und das Glück aller Sudanesen gearbeitet werden muß, unabhängig von Unterschieden in Religion, Dialekt oder rassischer Herkunft. Weiter verbindet alle ernsthaften Sudanesen die Erkenntnis, daß der moderne Staat vor allem in Afrika nicht auf religiöser, rassischer oder kultureller Homogenität basiert, sondern auf den gemeinsamen Gefühlen, Interessen und Forderungen verschiedener Völker, ...
(Quelle: Mohamed Omer Beshir, a. a. O., pp. 167–173)

6. *Radioansprache von Oberst Numeiri, 25. Mai 1969*

... In seiner Erklärung betonte Oberst Numeiri ..., daß die Offiziere die Macht übernommen hätten, weil das Regime des Präsidenten Ismail El Azhari es in fünf Jahren nicht geschafft habe, mit den dringlichsten Problemen des Landes – wirtschaftliche Entwicklung, Süd-Frage und Landwirtschaft – fertig zu werden ... Er sagte: »Chaos und Korruption haben sich im Lande breit gemacht, und die politischen Parteien haben der Sache des Imperialismus gedient. Das Volk wünscht, daß der Sudan seinen Platz innerhalb der arabischen Welt einnimmt und für Palästina kämpft. Im eigenen Land will das Volk Imperialismus und zionistische Infiltration bekämpfen. Und es hat jetzt die vergangenen Regierungen endgültig abgewiesen...«
(Auszugsweise wiedergegeben in: Africa Research Bulletin, 1969, p. 1404)

C. Kenia

1. *Yomo Kenyatta über rassische Diskriminierung, 1962*

... Mzee Kenyatta sprach oft in der Öffentlichkeit über die Probleme nationale Einheit, Aufrechterhaltung von Ruhe und Ordnung, Fortschritt ... nach der Unabhängigkeit ...
Am 19. August 1962 sagte er in Kericho: »KANU wünscht Einheit, nicht nur für Kenia, sondern für ganz Afrika. Das ist unser Ziel – keine Diskriminierung und kein Tribalismus. Wir hegen keinen Haß gegen Europäer oder Asiaten, aber sie müssen unseren Gesetzen gehorchen! ...«
Auf einer Massenveranstaltung am 21. Oktober 1962 im Stadion von Nairobi (...) erklärte Mzee Kenyatta, daß ab sofort die KANU-Partei den Angehörigen aller Rassen offenstehe: »Ab heute steht die Tür allen jenen Europäern und Asiaten offen, die mit uns zusammenarbeiten wollen, und die einverstanden sind, daß

Afrikaner dieses Land regieren sollen. Ich lade sie ein, in unsere Partei einzutreten, falls sie unseren Gesetzen zustimmen.« Er erklärte der Masse, diese Entscheidung möge zeigen, daß die Afrikaner keine Bitterkeit gegenüber anderen Rassen hegen ...
(Quelle: Yomo Kenyatta, Suffering without Bitterness – the founding of the Kenya nation, Nairobi 1968, pp. 188–189)

2. Tom Mboya über die asiatische Minorität

Die Gemeinschaft der Asiaten, die in Kenya doppelt so groß ist wie die der Europäer (in Uganda und Tanganjika ist die Zahl der Asiaten im Vergleich zu jener der Europäer noch weit höher), wird von den Zeitungen keineswegs so scharf unter die Lupe genommen, wahrscheinlich weil sich die Blätter zumeist in europäischem Besitz befinden und ihre Leitung europäischem Einfluß untersteht. Für die Asiaten ist jedoch die Notwendigkeit, sich rasch zu integrieren und die Erinnerung an Rassendiskriminierung auszulöschen, wahrscheinlich noch größer als für die Europäer, weil viele Europäer ja Ostafrika verlassen können, wenn sie außerstande sind, sich den geänderten Verhältnissen anzupassen. Die Mehrheit der Asiaten hingegen hat keine andere Heimat.

Aus diesem Grunde bin ich der Ansicht, daß die Führer der verschiedenen asiatischen Gemeinschaften in der Vergangenheit oft die wahren Interessen ihrer Mitglieder verraten haben. Die überwältigende Mehrheit der Inder in Kenia unterstützte den afrikanischen Widerstand und wollte, als Freunde und Bundesgenossen im Kampf für Freiheit und Demokratie, den von Nehru und Gandhi gesetzten Richtlinien treu bleiben. Als jedoch im Jahr 1955 der Indische Kongreß Kenyas seine Unterstützung für die Forderung nach dem allgemeinen und gleichen Wahlrecht der Erwachsenen zusagte, beeilte er sich hinzuzufügen: »Es wird einige Zeit brauchen, diese Ziele zu verwirklichen.« 1958 wurde der Präsident der ›Kenya Muslim League‹ von der Zeitschrift DRUM wie folgt zitiert: »Solange das Londoner Kolonialamt die Kontrolle hat, haben wir nichts zu befürchten.« Er antwortete damit seinem Generalsekretär, der gesagt hatte: »Wir müssen um die Wahrung unserer Stellung gegen die Hindu besorgt sein, um unsere persönlichen Rechte und um den afrikanischen Nationalismus.«

Besonders die asiatischen Mohammedaner haben zu viel Zeit für ihre religiösen Meinungsverschiedenheiten mit anderen asiatischen Gruppen aufgewendet und damit den Eindruck erweckt, im politischen Geschehen abwartende Zuschauer zu sein. Der erste Mohammedaner, der kompromißlos die politische Arena betrat, war der inzwischen verstorbene Ibrahim Nathoo, der die Asiaten überraschte, als er 1960 bei der Lancaster-House-Konferenz die Forderung nach einem allgemeinen und gleichen Wahlrecht unterstützte (ohne ›es wird seine Zeit brauchen ...‹). Im gleichen Jahr noch wurde die ›Kenya Freedom Party‹ (die Freiheitspartei Kenyas) gegründet, die Mitglieder ohne Unterschied der Religion oder der Rasse aufnahm und sich mit der KANU verband, bis dann im Jahre 1962 die KANU Nicht-Afrikaner aufnahm, worauf sich die Freiheitspartei, nachdem sie ihre Aufgabe ausgezeichnet erfüllt hatte, auflöste. Sie hatte ein gutes Beispiel dafür gegeben, wie man sich mit dem afrikanischen Nationalismus identifizieren soll. Jene anderen aber, die noch immer abwartend beiseite stehen und ihre Gewinne vielleicht nach Indien verschicken, müssen begreifen, daß es schon sehr spät ist. Wie

ich in Eldoret sagte: ›Entweder Sie sind auf unserer Seite, oder Sie sind nicht einmal auf dem Spielfeld.‹ Das ist eine freundliche Warnung, keine Drohung, an Leute, von denen ich hoffe, daß sie Mitbürger in einem neuen Kenya werden.
(Auszug aus: Tom Mboya, Freiheit – und nachher? Ein Kontinent ringt um die Zukunft, Europa-Verlag, Wien 1966, pp. 111–112)

3. *»Asiaten aus Kenia angekommen«*

Gestern sind mehr als zwanzig Asiaten mit ihren Familien von Nairobi kommend auf dem Flughafen Heathrow eingetroffen.
Sie gehören zu den etwa 500 Asiaten, die – wie es heißt – jede Woche Kenia verlassen.
Ein indischer Ladenbesitzer sagte bei seiner Ankunft in Heathrow: »Die kenianische Regierung versucht alle Inder und Pakistani zu zwingen, ihre britischen Pässe abzugeben und die kenianische Staatsangehörigkeit anzunehmen. Viele Beschränkungen sind uns auferlegt worden, die es uns unmöglich machen, in Kenia zu leben.
Es ist unmöglich, Lizenzen für unsere Autos zu erhalten ... Als Teil der allgemeinen Politik, die darauf abzielt, die Geschäfte in die Hände von Afrikanern zu bringen, wurden wir gezwungen, Afrikaner einzustellen.« ...
(The Observer, 10. September 1967)

4. *Auszug der Asiaten aus Kenya – Folgen einer forcierten Afrikanisierung*

Le. Nairobi, im Februar
Das alte Kenya der kolonialen Epoche, die auch unter afrikanischem Regime noch immer den Charakter dieses ostafrikanischen Landes bestimmte, bereitet seinen Abgesang vor. Die *Beendigung des kolonialen Status* im Jahre 1963 hatte zwar de iure eine scharfe Zäsur in der Geschichte Kenyas bedeutet. In Regierung und öffentlicher Verwaltung lösten *Afrikaner* allmählich die britischen Beamten und asiatischen Angestellten ab. Doch änderte sich in der *Gesellschaftsstruktur* und im *Geschäftsleben* zunächst wenig. Eine dünne Schicht von *Europäern* kontrollierte weiterhin den Großhandel und dirigierte die Filialen großer Überseeunternehmen. Die breite Schicht von Händlern, Handwerkern und Technikern wurde nach wie vor von den *Asiaten* gestellt, während die große Masse der Afrikaner auf dem Land wie eh und je nach meist steinzeitlichen Methoden Ackerbau betrieb oder in den Städten vorwiegend Helotendienste versah. Natürlich waren diese gesellschaftlichen Schichten nicht hermetisch voneinander getrennt. Es gab asiatische Unternehmer, die es zu Millionenbesitz brachten, aber auch viele »petits blancs«, die auf unterster Ebene ihr Brot verdienten.

Betriebe in Familienbesitz
Mit dem gegenwärtigen *Massenexodus der Asiaten* und der verstärkten *Abwanderung von Europäern* neigt sich jetzt die koloniale Phase, wenn auch resigniert, dem Ende zu. Zwar hatte die *Regierung Jomo Kenyattas* von Anfang an keinen Zweifel daran gelassen, daß den Afrikanern die Chance gegeben werden müsse, allmählich im Wirtschaftsleben Fuß zu fassen. Man appellierte immer wieder an die Geschäftswelt, Afrikaner anzulernen und sie mit verantwortungsvolleren Auf-

gaben zu betrauen, kurz, ihnen den Weg nach oben zu öffnen. Den größeren europäischen Unternehmen fiel es nicht schwer, sich diesen Forderungen anzupassen, solange die Garantie bestand, daß in den entscheidenden Positionen erfahrene europäische Fachkräfte belassen wurden.

Diese Fähigkeit zur Adaption an neue Verhältnisse besitzen aber nur wenige *asiatische Betriebe*. Ihre kleinen und mittleren Unternehmen befinden sich fast ausnahmslos in *Familienbesitz*, und ihre Wirtschaftlichkeit resultiert daraus, daß jedes einzelne Familienmitglied darin tätig ist und so in reibungslosem Schichtbetrieb das Geschäft von den frühen Morgenstunden bis in den späten Abend in Gang gehalten werden kann. Dies gilt besonders von den *Dukawallas,* den kleinen asiatischen Kramläden in der Savanne oder im Busch. Würden sie Afrikaner einstellen, die nach gewerkschaftlichen Regeln nur ungern mehr als Minimalarbeitszeiten absolvieren, kämen die auf schmale Ökonomie ausgerichteten kleinen Unternehmen schnell ins Defizit. Zudem wirkt in diesen so tief im Clandenken verwurzelten Betrieben jeder Außenseiter störend.

Andererseits stehen die kleinen asiatischen Unternehmen sowie die handwerklichen und technischen Berufe am ehesten in der Reichweite dessen, was sich auch ein Afrikaner mit geringer Ausbildung zumuten kann und wonach er strebt. Wenn immer sich die afrikanische Propaganda an der schleppenden Afrikanisierung rieb, so zielte sie in erster Linie gegen die Asiaten – allerdings ohne starken Erfolg. Einige tausend Asiaten suchten ihr Heil darin, daß sie sich um die *Staatsangehörigkeit* Kenyas bewarben. Doch der größere Teil blieb mißtrauisch und behielt den *britischen Paß* aus der kolonialen Epoche, der die Möglichkeit gibt, sich auch an anderen Orten des Commonwealth Arbeitsplätze zu suchen.

Neues Einwanderungsgesetz
Ende letzten Jahres entschloß sich die Regierung zu einem wirksameren Druckmittel, als es warnende Worte sind. Sie erließ ein neues *Einwanderungsgesetz,* das von jedem *Nicht-Kenyaner* verlangt, daß er sich um eine *befristete Arbeitsgenehmigung* bemüht, die jederzeit kündbar ist. Und vor allem wird verlangt, daß der Antragsteller innerhalb bestimmter Frist einen *Afrikaner ausbildet,* der seinen Posten einnehmen kann. Zudem ist es vorgeschrieben, sich beim Arbeitsamt um afrikanische Bewerber zu bemühen. Ferner wurde fast zum selben Zeitpunkt ein Gesetz über die *Lizenzierung von Wirtschaftsunternehmen* erlassen. Beide Gesetze werden rigoros gehandhabt und haben eine neue Auswanderungswelle in Bewegung gesetzt, deren Ausmaß sich vorerst nur abschätzen läßt.

England als Ziel der Wünsche
Mehr noch aber haben verschiedene *Gerüchte* über eine Verschärfung der Einwanderungsbestimmungen in *Großbritannien* unter den Asiaten eine Panikstimmung ausgelöst, die viele unter ihnen zu immer größerer Eile treibt, sich eine neue Heimat zu suchen. Gerade für Asiaten – Inder und Pakistaner – ist es nicht ohne Ironie, daß ihnen als Ziel ihrer Wünsche ausgerechnet Großbritannien vorschwebt, das Land, das einst als Kolonialmacht auf dem indischen Subkontinent mit Wort und Tat heftigst bekämpft wurde. Mögen sich auch die Asiaten auf die Werte ihrer alten Religionen viel zugute halten und sich den westlichen Materialisten überlegen fühlen, so sind sie doch kühle Rechner, wenn es um das Wohl des Clans geht. Darum ziehen sie das naßkalte England durchaus ihrer überbevölkerten und von Armut geplagten Heimat vor.

Die neuesten Statistiken über die ein- und ausreisenden Passagiere auf den Flugplätzen und in den Seehäfen reichen nur bis zum ersten Vierteljahr von 1967. Doch schätzt man, daß seit Beginn dieses Jahres *täglich etwa hundert Asiaten* als Vortrupps in Richtung London abreisen, die ihre Familienangehörigen nachkommen lassen werden, sobald ein geeigneter Arbeitsplatz und dürftige Unterkunft gefunden sind. Die Zahl der Asiaten, die einen Anspruch auf einen britischen Paß haben, wird in Kenya auf 160 000 bis 170 000 geschätzt. Man glaubt, daß die Regierung von Kenya mit ihren Druckmaßnahmen die Zahl der im Lande lebenden Asiaten bis auf 50 000 oder 75 000 reduzieren will, um dann vielleicht die Bestimmungen etwas zu lockern.

Die Regierung unter Druck
Der Regierung Kenyatta kann schwerlich vorgeworfen werden, daß auch sie, wie manche anderen afrikanischen Regime, dem Rassismus verfallen sei. Sie steht unter gewaltigem Druck, da sowohl die Expansion der Wirtschaft als auch Arbeitsbeschaffungsprogramme allein nicht ausreichen, um genügend *Arbeitsplätze* für die Schulentlassenen zu schaffen. Unlängst gab ein Minister die Zahl der Schulentlassenen mit 300 000 im Jahr an. Diese Zahl dürfte übertrieben sein. Hinzu kommt aber, daß die *Städte* wie überall in Afrika eine unwiderstehliche Anziehungskraft ausüben, da man sich dort höhere Löhne bei geringerer Arbeitsleistung erhofft. Da die Regierung von Kenya dieser unaufhaltsamen Urbanisierung bisher keine wirksamen Riegel vorgeschoben hat, bildet sich ein städtisches *Proletariat*, dessen Unmut sich die *linksradikale Opposition* unter dem Führer der Kenya People's Union (KPU), *Oginga Odinga*, natürlich zunutze macht.
Man hat versucht, der Jugend stärkere Anreize zum Bleiben auf dem Land zu schaffen. Doch wirkt schulische Erziehung gerade in der entgegengesetzten Richtung. Viele junge Afrikaner mit einer nur dürftigen Schulausbildung glauben sich der harten Landarbeit entwachsen und streben nach dem »*white collar job*«, einer Stellung im Büro – wie überhaupt Kragen und Schlips als Statussymbole falsch verstanden werden. Einzig die Regierung der *Elfenbeinküste* hat den mutigen Schritt gewagt, sozusagen einen Numerus clausus für die Zuwanderer in die Städte einzurichten und mit scharfen Kontrollen der Polizei zu verhindern, daß sich die ländlichen Gebiete entvölkern. Die Regierung in Nairobi hat sich bisher zu solchen Maßnahmen nicht entschließen können. Doch wird sie eines Tages dazu gezwungen sein.

Verluste
Das neue Einwanderungsgesetz und das Gesetz über Handelslizenzierung werden die gegenteilige Auswirkung von dem haben, was sich die Regierung erhofft. Den meisten Afrikanern fehlen das Kapital und die Erfahrung, um auch nur in kleine Betriebe von Asiaten einsteigen zu können, wenn diese für immer das Land verlassen. Zudem gehen durch Auflösung solcher Unternehmen *Arbeitsplätze verloren*, nicht zu sprechen von den *Steuerausfällen*. Denn zumindest im Haushalt beschäftigt auch der ärmste Asiate einen Afrikaner. Nicht anders verhält es sich bei europäischen Sekretärinnen, meist verheirateten Frauen, die sich einen Nebenverdienst verschafften, um die Schulden für einen neuen Eisschrank oder für das zweite Auto abzahlen zu können. Werden ihre Posten afrikanisiert oder kenyanisiert, wie es im offiziellen Amtsjargon heißt, gehen die Europäerinnen in ihren

Haushalt zurück und entlassen das Kindermädchen oder einen Hausboy. Man schätzt, daß durch jeden europäischen oder asiatischen Auswanderer durchschnittlich drei Afrikaner Unterkunft und Lohn verlieren. Da auf diese Gefahr in vielen *Leserbriefen* an die örtliche Presse unverhüllt hingewiesen wird, kann der Regierung das Dilemma nicht entgehen, in das sie sich langsam hineinmanövriert. Die selten um Kritik verlegene KPU wurde unlängst sogar ihren eigenen Grundsätzen untreu und stimmte ein Klagelied zugunsten der Asiaten an.
Zudem drohen verschiedene *überseeische Großunternehmen*, ihre Filialen zu schließen, wenn allzu rigoros mit ihren asiatischen Angestellten aufgeräumt werden sollte. Potentielle *Investitoren* aus dem Ausland werden vorsichtig, da sie sich nicht der Gefahr aussetzen wollen, neue Betriebe mit ungelernten und unerfahrenen Arbeitskräften aufziehen zu müssen. Auf dem *Bausektor* haben die Preise in den letzten Monaten erheblich angezogen, da zu viele der tüchtigen asiatischen »Fundi« (Suaheliwort für Handwerker) außer Landes gegangen sind.
Unter solchen Perspektiven kann es nicht ausbleiben, daß die gegenwärtig forcierte Afrikanisierung der Gesamtwirtschaft eher schaden als nützen wird und politischen Sprengstoff erzeugt, der zu einer schweren Gefahr für die Regierung werden kann. Der Präsident der Elfenbeinküste, *Houphouet-Boigny,* war sich dieser Gefahr von Anfang an bewußt und soll das Wort geprägt haben, daß man eine reichlich Milch spendende Kuh (gemeint sind die Europäer) nicht schlachten solle, bevor man ebenso ertragreiche eigene Kühe großgezogen habe. Da ihm das materielle Wohlergehen mehr am Herzen liegt als die Befriedigung nationalistischer Gefühle, darf er sich als einziger afrikanischer Staatschef brüsten, das Nationalprodukt seines Landes seit Erlangung der Unabhängigkeit erheblich angehoben zu haben. Die Kurven seiner Statistiken zeigen auf allen Gebieten, auch in der Erziehung sowie im Bau von Straßen und Hafenanlagen, eine Aufwärtstendenz. Dabei ist sein Regime weit weniger autoritär als diejenigen seiner Nachbarn; Guinea zum Beispiel hat sich einem angeblichen afrikanischen Sozialismus verschrieben und bewegt sich in ideologischer Blindheit stets am Rande des Zusammenbruchs. *(Neue Zürcher Zeitung, 17. 2. 1968)*

5. *Annahme des Einwanderungsgesetzes im englischen Unterhaus*

Eine Konzession der Regierung

C. K. London, 29. Februar

Allen Querschüssen und Bremsmanövern zum Trotz ist das auf die Inder in Kenya zugeschnittene *Einwanderungsgesetz* heute morgen kurz vor 8 Uhr vom Unterhaus verabschiedet worden. Das Resultat der Schlußabstimmung war 145 gegen 41. In zahlreichen Teilabstimmungen im Laufe der Nacht wurde eine ganze Reihe von Abänderungsanträgen abgelehnt, die vorwiegend von liberaler Seite stammten. Die Vorlage geht nun an das Oberhaus, und angesichts der großen Zahl von Lords, die sich schon zum voraus zum Wort gemeldet haben, gilt es als unwahrscheinlich, daß die vollständige Durchberatung schon heute nacht zu Ende geführt werden kann. Der *Erzbischof von Canterbury,* der ex officio Mitglied des Oberhauses ist, hat dem Gesetz den Kampf angesagt. Schon am Beginn der Woche hatte er als Vorsitzender des von der Regierung patronisierten »Komitees für die Einwanderung aus dem Commonwealth« mit dem Rücktritt gedroht, falls das Gesetz angenommen werden sollte, und die übrigen Mitglieder, die sich

mit ihm der Aufgabe widmeten, über die Wahrung der Harmonie unter den Rassen zu wachen, sind seinem Beispiel gefolgt.
Im Verlauf der Debatte hat Innenminister *Callaghan* eine neue Konzession gemacht, die sich wahrscheinlich als bedeutungsvoll erweisen wird und das Gesetz sogar *unwirksam* machen könnte. Callaghan sagte nämlich, wenn ein Angehöriger der asiatischen Minderheit in Kenya willkürlich aus seiner Stelle entlassen und des Landes verwiesen werden sollte, dann werde man ihn aufnehmen müssen. Unter diesen Umständen bliebe nichts anderes übrig. Es bleibt jedoch bei der *mündlichen Versicherung,* daß nicht starr an der vorgeschriebenen Quote von 1500 Einwanderern pro Jahr festgehalten werden soll. Die sofort unternommenen Versuche, das Zugeständnis in den Gesetzestext einzubauen, führte zu keinem Ergebnis.
Man kann aber heute schon voraussehen, daß es nicht lange dauern wird, bis das gegebene Versprechen angerufen wird. Nach Berichten aus Nairobi haben Angestellte von asiatischen Firmen in ländlichen Gebieten bereits die Mitteilung erhalten, daß ihnen *keine weitere Arbeitsbewilligung* gewährt wird und daß sie das Land bis zum Monat Juni verlassen müssen. Die britische Regierung hat von seiten Kenyas keine Garantie, daß die Asiaten, die seinerzeit für die britische Staatsbürgerschaft optierten, nicht schon bald in Massen ausgewiesen werden, sondern lediglich unverbindliche Zusicherungen, daß nur eine *graduelle Kenyanisierung* geplant sei. Callaghan sagte dazu gestern, der Erfolg der angestrebten Kontrollmaßnahmen hänge nicht nur von England ab, sondern auch davon, ob andere Regierungen ein zivilisiertes Verhalten an den Tag legten. Sollte dies nicht der Fall sein und das Gesetz unwirksam werden, so werde doch übrigbleiben, daß der Versuch zu einer zivilisierten Lösung gemacht worden sei. Er werde es nie bereuen, wenigstens eine Lösung angestrebt zu haben.
Im Verlauf des gestrigen Tages sind nochmals *dreizehn Flugzeuge* mit Indern aus Nairobi auf dem Londoner Flughafen eingetroffen.

Der Massenexodus der Asiaten aus Kenya

Nairobi, 28. Februar (AP)
Der Exodus der Asiaten aus Kenya hat am Mittwochabend, wenige Stunden vor der erwarteten Verabschiedung des neuen *britischen Einwanderungsgesetzes,* seinen Höhepunkt erreicht. Mit acht Maschinen, deren Abflug in kurzen Abständen bis Mitternacht angesetzt war, versuchten Hunderte von Personen, in letzter Minute Großbritannien zu erreichen. Der Start des endgültig letzten Einwandererflugzeugs war für die frühen Morgenstunden des Donnerstags angesetzt.
Die mehr als 1000 Fluggäste, die für die letzten Maschinen nach Großbritannien gebucht waren, erhöhen die Zahl der Asiaten, die innerhalb einer Woche seit der Ankündigung einer Beschränkung der Einwandererquote Kenya verlassen haben, auf etwa 7000. Die Zahl wird sich noch beträchtlich vergrößern, wenn auch ihre *Angehörigen,* die von den neuen Bestimmungen ausgenommen sind, abreisen.

Einreiseverbot für Inder nach Indien

Delhi, 29. Februar ag (Reuter)
Indien hat beschlossen, die *Einreise von Asiaten,* die im Besitz britischer Pässe sind, zu verbieten. Indien befürchtet, daß zahlreiche Inder, die in Ost- und Südafrika, in Ceylon, Malaysia, Singapore, auf den Fidschi-Inseln, auf Mauritius und

auf den Inseln Westindiens wohnen, versuchen könnten, nach Indien zurückzukehren, falls sie von den Regierungen jener Staaten, in denen sie gegenwärtig leben, unter Druck gesetzt werden sollten. Das indische Mutterland ist nicht in der Lage, all diese Landsleute aufzunehmen.
Indien hat bisher allen sonstigen Angehörigen der Commonwealth-Staaten, mit Ausnahme Pakistans, die freie Einreise erlaubt. Die Regierung in Delhi hat nun beschlossen, sich das Recht vorzubehalten, deren *Einreisebewilligung* zu überprüfen. *(Neue Zürcher Zeitung, 1. 3. 1968)*

6. *Die prekäre Lage der Asiaten in Kenya*
Vorläufige Einstellung der Druckmaßnahmen
Le. Nairobi, 17. Januar
In der asiatischen Gemeinde von Kenya hat sich zumindest an der Oberfläche die Panik- und Aufbruchstimmung gelegt, nachdem die Regierung vorerst auf weitere Kündigung von *Handelslizenzen* verzichtet, aber auch eine scharfe Warnung gegen die allzu heftige Agitation einiger asiatischer Wortführer ausgesprochen hat. Der erwartete Ansturm auf Reise- und Flugbüros, der vor etwa einem Jahr den internationalen Fluggesellschaften auf ihren Europarouten hohe Gewinne einbrachte, ist bisher ausgeblieben. Ob die *indischen und pakistanischen Händler* und Krämer in ihre alte Apathie zurückgefallen sind oder auf neue Warnschüsse warten, ehe sie sich wieder regen, läßt sich noch nicht erkennen. Jedenfalls geben sich die Asiaten ihren alten Freuden wieder hin: man lustwandelt, umgeben von großen Kinderscharen in den immergrünen Anlagen Nairobis, oder man schaut sich die Welt aus dem Auto an, wobei erstaunliche Leistungen in der Befrachtung altersmüder Wagen fertiggebracht werden; für vier Personen gedacht, nehmen sie doch bis zu acht, wenn nicht sogar zehn Menschen auf.

Mangel an qualifizierten Afrikanern
In Nairobi sind 420 Lizenzen für Einzelhandelsgeschäfte gekündigt worden – die meisten davon in asiatischem Besitz. Doch soll es nach den Worten des Ministeriums für Handel und Industrie damit zunächst Schluß sein. Vielleicht hat die Regierung erkannt, daß nicht genügend kapitalkräftige und qualifizierte Afrikaner vorhanden sind, um solche Geschäfte zu übernehmen. Vielleicht hofft die Regierung aber auch, daß die Asiaten, die auf die *kenyanische Staatsbürgerschaft* verzichten, nun endlich gelernt haben, daß ihre Existenz immer prekär bleiben wird, solange nicht neue Arbeitsmöglichkeiten und bessere Lebensgrundlagen für die afrikanische Bevölkerung gefunden werden, die fünf Jahre nach Erlangung der Unabhängigkeit in der Einkommenspyramide noch immer an unterster Stelle steht.
Sehr scharf hat insbesondere *Vizepräsident Moi* auf das Ansinnen der »Vereinigung britischer Bürger in Kenya« (ausnahmslos Asiaten mit britischen Pässen) reagiert, daß Premierminister *Wilson* auf Präsident *Kenyatta* im Sinne einer größeren Karenzzeit für die Abwicklung der asiatischen Geschäftsunternehmen einwirken solle.

Unausgeglichene Einkommensverhältnisse
Wie disproportioniert die Einkommensverhältnisse sind, zeigen einfache Statisti-

ken: von den schätzungsweise *160 000 Asiaten* indischer und pakistanischer Herkunft leben allein 85 Prozent in den fünf großen Städten Kenyas, wo sie den Einzelhandel fast völlig beherrschen. Nach einer Statistik aus dem Jahre 1962 befanden sich in der Einkommensgruppe unter 120 Pfund im Jahr 91,4 Prozent Afrikaner und 11 Prozent Asiaten. In der Einkommensgruppe von 400 Pfund im Jahr machten die Afrikaner nur 0,5 Prozent aus, während die Asiaten 68,4 Prozent für sich beanspruchten. Diese Zahlen haben sich inzwischen etwas zugunsten der Afrikaner verändert, doch bleibt immer noch eine breite Kluft zwischen diesen beiden Bevölkerungsgruppen bestehen.
Die Regierung von Kenya, die im Vergleich zu anderen afrikanischen Ländern sehr realistisch agiert, wird die Grenzen ihres *Afrikanisierungsprogrammes* dort abstecken, wo das wirtschaftliche Gefüge Schaden zu nehmen beginnt. Doch muß jede Regierung realistische Erwägungen und politischen Druck miteinander abwägen. Und der politische Druck verlangt, daß für eine ständig wachsende einheimische Bevölkerung mehr und schneller Arbeitsplätze und Verdienstmöglichkeiten geschaffen werden. *(Neue Zürcher Zeitung, 18. 1. 1969)*

D. Guinea

1. *Rede Sékou Tourés bei der Ankunft von General de Gaulle in Conakry, 25. 8. 1958*

Herr Präsident!
Im Leben der Nationen und der Völker gibt es Augenblicke, die in besonderer Weise ihr Geschick zu bestimmen scheinen oder die sich mit großen Buchstaben in das Buch ihrer Geschichte einprägen. Um sie herum ranken sich Legenden und unterstreichen auf ihre Weise diese Höhepunkte, an denen sich so viele Siege des Menschen über sich selbst, so viele Siege der Gesellschaft über ihre Umgebung ablesen lassen.
Sie kommen mit einem doppelten Privileg nach Afrika: Ihnen geht der Ruf voraus, den Sieg der Freiheit über die Knechtschaft erfochten zu haben, und Sie sind der erste Regierungschef der französischen Republik, der guineischen Boden betritt. Ihre Gegenwart unter uns symbolisiert nicht nur die »Résistance«, den Triumph der Vernunft über die Gewalt, den Sieg des Guten über das Böse, sie stellt auch dar, und ich möchte meinen, sie stellt in erster Linie ein neues Stadium dar, eine entscheidende Periode, ja eine neue Phase der Entwicklung. Wie könnten die Völker Afrikas von diesen Vorzeichen nicht berührt sein, wo sie doch täglich in der Hoffnung auf die Anerkennung ihrer Würde leben und ihr Streben nach Gleichberechtigung täglich neu formulieren?
Herr Präsident! Ohne Zweifel kennen Sie den Wert dieser Völker besser als jeder andere, seit Sie in den schwierigsten Stunden, die Frankreich je erlebt hat, ihre Bekanntschaft gemacht haben. Dieser außergewöhnlichen Zeit, an deren Ende die Freiheit in einem neuen Licht und mit erneuerter Kraft erstrahlte, hat der afrikanische Mensch einen besonderen Stempel aufgedrückt, indem er während des letzten Weltkrieges die Sache der Freiheit der Völker und der Würde des Menschen zu seiner eigenen machte.
Jedes Volk gelangt über bisweilen unüberschaubare Wege seiner Geschichte zu

seinen Vorstellungen und Idealen. Auch handelt es nach eigenen Impulsen und in Abhängigkeit von eigenen Zielvorstellungen, ohne daß dabei notwendigerweise die wahren Beweggründe seines Handelns ans Licht träten. Obwohl wir unter der unerbittlichen Logik von Mittel und Zweck und unter der harten Wirklichkeit des täglichen Lebens fast zerbrechen, fühlen wir uns ohne Unterlaß von dem Streben nach menschlicher Erhebung und menschlicher Gleichberechtigung angetrieben. Die Entfaltung der Werte Afrikas wird jedoch aufgehalten, weniger durch die Menschen, die diese Werte geschaffen haben, als vielmehr durch wirtschaftliche und politische Strukturen, die als Erbe der Kolonialzeit auf Afrika lasten und im Widerspruch zur eigenen Vergangenheit und den eigenen Zukunftsvorstellungen stehen.

Deshalb sind wir entschlossen, diese Strukturen von Grund auf, und nicht nur durch Teilreformen, zu verändern: die Marschrichtung unserer Gesellschaft soll der aufsteigenden Linie einer ständigen Entwicklung, einer steten Vervollkommnung folgen.

In der Tat ist der Fortschritt eine ständige Neuschöpfung, eine ununterbrochene Steigerung zum Besseren, zum Besten. Schritt für Schritt erweitern und verfestigen die Gesellschaften und die Völker ihr Anrecht auf Glück, ihren Anspruch auf Würde; ja sie formen ihren Beitrag zum wirtschaftlichen und kulturellen Erbe der Völkerfamilie.

Darin unterscheidet sich Schwarzafrika nicht von anderen Gesellschaften und Völkern. Auf unserem eigenen Weg möchten wir zu unserem Glück gelangen, und das in um so größerer Entschiedenheit, als wir um die Länge des Weges wissen.

Guinea ist nicht nur eine geographische Einheit, durch historische Zufälle nach kolonisatorischen Gesichtspunkten von Frankreich konstituiert; Guinea ist auch ein lebendiger Teil Afrikas, ein Teil dieses Kontinents, der in der Kraft des eigenen Geschicks pulsiert, empfindet, handelt und denkt. Wie weit aber unser Untersuchungsfeld auch reicht, wie weit sich auch unsere Tätigkeit erstreckt, alles bleibt unseren eigenen Entwicklungsaspirationen gegenüber unzureichend. Um ihnen entsprechen zu können, werden wir all unsere Fähigkeiten mobilisieren müssen, aber auch alles Wissen und alle Güter unserer Erde, die sich täglich weiterentwickeln und anwachsen.

Bei dem geistigen Chaos des Kolonialerbes und den tiefen Widersprüchen unserer Welt müssen wir unsere Idealvorstellungen beiseite schieben und die realen Möglichkeiten sowie wirksame und sofort realisierbare Mittel ins Auge fassen. Wir müssen die wirklichen Lebensbedingungen unserer Bevölkerung vor Augen haben und ihr die Möglichkeit jener unentbehrlichen Entwicklung verschaffen, ohne die der von ihr angestrebte Fortschritt nicht denkbar wäre. Wenn wir dieser Verpflichtung nicht nachkämen, wären wir in unseren Funktionen nicht legitimiert, hätten wir auch kein Recht auf das Vertrauen des Volkes. Weil wir es uns aber untersagen, die Souveränität der Bevölkerung Guineas in unseren persönlichen Dienst zu stellen, dürfen wir Ihnen, Herr Präsident, die Forderungen dieser Bevölkerung ohne Umschweife vorhalten, um mit ihr nach den besten Wegen ihrer völligen Emanzipation zu suchen.

Es ist das Privileg eines armen Volkes, daß das Risiko seiner Untersuchungen klein bleibt. Ein Armer kann nur seine Bereicherung im Sinne haben, und nichts ist natürlicher als sein Sehnen nach der Beseitigung aller Ungleichheiten und Ungerechtigkeiten. Dieses Bedürfnis nach Gleichheit und Gerechtigkeit tragen wir um so tiefer in uns, als wir unter Ungerechtigkeit und Ungleichheit haben besonders leiden müssen. Eine nähere Analyse und eine genauere Kenntnis unserer Werte, unserer Fähigkeiten und unserer Möglichkeiten bewahrt uns jedoch vor jedem Komplex und vor jeder Angst: wir denken nur an unsere Zukunft und an das Wohl unseres Volkes. Dieses Wohl kann je nach der Art unseres Sehnens verschiedene Seiten und verschiedene Ausprägungen aufweisen; es kann etwas Einmaliges umfassen, aber auch ein Bündel von 1000 Dingen, von denen jedes unentbehrlich scheint. Wir, unser Volk, haben ein erstes unaufschiebbares Bedürfnis nach Würde. Würde kann aber ohne Freiheit nicht sein, da jede Unterwerfung erniedrigt und einen Teil des Menschseins vorenthält, ja einen niederen Menschen schafft. Wir, das Volk von Guinea, ziehen daher Armut in Freiheit Reichtum in Sklaverei vor. Was für den Menschen gilt, ist auch für die menschliche Gesellschaft und für die Völker wahr. Diese Sehnsucht nach Würde, dieser unwiderstehliche Drang nach Freiheit hat Frankreich in seinen dunklen Stunden die Kraft zu Heroismus und Wagemut verliehen. Freiheit ist das Privileg jedes Menschen, das naturgegebene Recht jeder menschlichen Gesellschaft und jedes Volkes. Nur Freiheit kann auch die Basis sein, auf der die afrikanischen Staaten sich mit der französischen Republik und mit anderen Staaten zur Verwirklichung der gemeinsamen Werte und Reichtümer verbünden werden.

Herr Präsident, gestatten Sie mir, einige Sätze aus einer Rede ins Gedächtnis zu rufen, die ich bei dem jüngsten Besuch eines Vertreters der französischen Regierung, des früheren Überseeministers, Herrn Gérard Jacquet, ausgesprochen habe: »Unsere grundsätzliche Entscheidung, von der alle weiteren beeinflußt sind, besteht in der völligen Entkolonialisierung des afrikanischen Kontinents, seiner Menschen, seiner Wirtschaftsstrukturen, seiner Verwaltung usw. Erst dann können wir eine tragfähige franko-afrikanische Gemeinschaft bilden, deren Bestand um so stärker abgesichert sein wird, als sie in ihrem Inneren keine Ansatzpunkte zu Ungerechtigkeit, Diskriminierung, Entpersonalisierung oder Entwürdigung mehr trägt. Die Welt entwickelt sich sehr schnell, und die Erfordernisse des modernen Lebens zwingen in brutaler Auswegslosigkeit zur Wahl zwischen Stagnation oder Fortschritt, zwischen Entfremdung der Völker oder ihrer brüderlichen Einigung, zwischen Sklaverei oder Freiheit, ja zwischen Krieg oder Frieden. Für Schwarzafrika französischer Prägung müssen diese Probleme in realistischer und verständnisvoller Sicht angefaßt werden. Unser Herz und unser Verstand lassen uns ebenso wie unsere offenkundigsten Interessen ohne Zögern die Interdependenz und die Freiheit innerhalb dieser Union wählen, und nicht ein Selbstverständnis ohne oder gar gegen Frankreich. Wegen dieser politischen Option müssen unsere Forderungen in aller Klarheit ausgesprochen weden; erst dann kann man erfolgversprechend über sie verhandeln.«

Manche sprechen von den franko-afrikanischen Beziehungen in einer Weise, als läge ihr Schwergewicht ausschließlich im wirtschaftlichen und sozialen Bereich. Im Angesicht des gewaltigen Rückstandes der unterentwickelten Länder Afrikas stellen sie dann die kolonisatorischen Leistungen Frankreichs heraus. Dabei vergessen sie, daß es über dem sozio-ökonomischen Bereich einen weitaus wichtigeren Wert gibt, der meistens die Handlungsweise des afrikanischen Menschen bestimmt. Dieser Wert besteht wesentlich in dem Bewußtsein, in dem der Afrikaner das politische Bemühen um die Wahrung seiner Würde, seiner Originalität und um die Befreiung seiner Persönlichkeit durchsteht. Jedermann weiß doch heute, daß das schmerzliche Drama der französischen Kolonialgeschichte in Indochina und Nordafrika eine unterschiedliche Interpretation findet, je nachdem ob man in wirtschaftlichen Gegebenheiten oder aber im Recht auf Unabhängigkeit und in der Achtung vor der Würde eines Volkes die Basis für das Zusammenleben der Völker erblickt.

Bei der heutigen Entwicklung der internationalen Lage und bei dem gewaltigen Fortschritt der Dekolonialisierung in den abhängigen Ländern können wir die Behauptung wagen, daß der Einsatz militärischer Gewalt gegen die Freiheit eines Volkes das Ansehen und die Interessen eines Mutterlandes nicht mehr zu gewährleisten vermag. Die Ausstrahlung Frankreichs und die Ausweitung seiner Interessen in Afrika kann in Zukunft nur mehr auf der freiwilligen Zusammenarbeit der afrikanischen Länder beruhen. Der wirtschaftliche und kulturelle Beitrag Frankreichs bleibt dabei für eine harmonische Entwicklung unserer Länder unentbehrlich.

Aufgrund dieser Lehren der Vergangenheit und der Erfordernisse unserer eigenen Entwicklung, aufgrund des allgemeinen irreversiblen Fortschritts, aufgrund des festen Willens der Überseevölker, zur vollen nationalen Würde zu gelangen, die endgültig jede Folgeerscheinung des alten Kolonialregimes ausschließt, hören wir nicht auf, im Rahmen einer auf Gerechtigkeit und Gleichheit beruhenden franko-afrikanischen Gemeinschaft die gegenseitige Anerkennung und die effektive Ausübung des Rechtes auf Unabhängigkeit zu fordern. Souveränitätsattribute, die von Organen der »Communauté« wahrgenommen werden, müssen sich auf folgende Bereiche beschränken: die Verteidigung, die diplomatische Vertretung, die Währung und das höhere Schulwesen.

Ein Land, das jede Form von Interdependenz ausschließt, verfügt über vier wesentliche Gewalten:
die Verteidigung,
die Währung,
die äußeren Beziehungen und die Diplomatie,
die Gerichtsbarkeit und die Gesetzgebung.

Einige Souveränitätseinbußen nehmen wir zugunsten eines größeren Ganzen gern in Kauf, weil wir die Hoffnung hegen, ein in das französische Volk gesetztes Vertrauen, eine doppelte Teilnahme an den legislativen und exekutiven Instanzen dieses Organismus seien eine ausreichende Garantie für unsere nationalen Interessen.

Wir sind aber nicht bereit, jemals auf unsere legitimen und natürlichen Rechte der Unabhängigkeit zu verzichten; wir bestehen auf einer uneingeschränkten Ausübung dieses Rechtes in den Beziehungen mit der französischen Republik. Jedoch lassen wir uns nicht zu der Verwechslung dieses Rechtes mit einer Entfremdung von Frankreich verleiten; vielmehr hegen wir den Wunsch zu einem weiteren fruchtbaren Zusammenwirken bei der Entwicklung unserer gemeinsamen Reichtümer. Der Verfassungsentwurf darf nicht in kolonialen Denkstrukturen verhaftet bleiben und uns zu französischen Bürgern, unser Land zu einer »partie intégrante de la République Française Une et Indivisible« machen wollen. Wir sind Afrikaner, und unser Land kann nie zu einem Teil Frankreichs werden. Wir werden »Bürger« unserer afrikanischen Staaten sein und lediglich »Mitglieder« der »Communauté Franco-Africaine«. Innerhalb der franko-afrikanischen Gemeinschaft wird die französische Republik als ein konstituierendes Element unter anderen rangieren, ist doch diese große multinationale Gemeinschaft aus freien und gleichberechtigten Staaten zusammengesetzt. In diesem Bund mit Frankreich treten wir als freie Völker auf, stolz auf unsere Persönlichkeit und Originalität, in dem Bewußtsein, einen eigenen Beitrag zum gemeinsamen Erbe zu leisten, als souveräne Völker, die an allen Beratungen und Entscheidungen beteiligt sind, die direkt oder indirekt ihre Existenz betreffen.

Die neue Struktur der Beziehungen zwischen Frankreich und seinen ehemaligen Kolonien muß ohne paternalistische und ausbeuterische Züge sein. Indem wir jeder Wiederbelebung des kolonialen Regimes und jeder Form des Paternalismus ein entschiedenes »Nein« entgegenhalten, gedenken wir, in Zeit und Raum die Verpflichtungen der neuen Gemeinschaft zu erhalten. Fern von jedem revolutionären Anspruch sind wir entschiedene und verantwortungsbewußte Mitarbeiter an einer grundlegenden politischen Neugestaltung in Schwarzafrika, der wesentlichen Vorbedingung für die Umkehr der kolonialen Situation zugunsten der afrikanischen Bevölkerung.

Die Bezeichnung der neuen Gemeinschaft ist von geringer Bedeutung; viel wichtiger erscheint uns ihr Inhalt: die neuen Entwicklungsmöglichkeiten, die unseren Ländern dadurch erwachsen, die Unterstützung unseres Emanzipationsstrebens, das jede Spur der kolonialen Vergangenheit auslöschen und endlich eine neue Phase eröffnen will, die Ära von Freiheit, Gleichheit und Brüderlichkeit.

Herr Präsident, wir wissen, daß Sie sich zur Aufgabe gestellt haben, die Einheit der französischen Nation zu wahren. Dieser Ehrgeiz und diese Anstrengungen werden Sie auch die geheime Sehnsucht der mit der französischen Nation verbündeten Völker verstehen und respektieren lassen.

Die gegenwärtigen Gebiete Französisch-Westafrikas und Französisch-Äquatorialafrikas sollen keine endgültig konstituierten Staatsgebilde sein. Die überwiegende Mehrheit ihrer Bevölkerung möchte sie durch zwei große, mächtige, mit Frankreich verbündete Staaten ersetzt sehen. Menschliche, soziale, wirtschaftliche und politische Erwägungen sprechen für die Konstituierung dieser Staaten, mit demokratisch gewählten Parlamenten und Regierungen. Diese Perspektive wird die Geschichte unserer kleinen Länder beschleunigen, indem sie es uns ermöglicht, Partikularismus, Egoismus sowie innere Gegensätze zu überwinden. Sie wäre für uns der sicherste und schnellste Weg zu Frieden und Glück.

Diese für die Überseegebiete und für das Ansehen Frankreichs in der Welt vorteilhafte Perspektive verlangt von uns allen, Afrikanern, Madegassen und Franzosen, größere, aber auch erhebendere Anstrengungen, als dies bei einer destruktiven Trennung der Fall wäre.

Ich pflege oft daran zu erinnern, daß das Leben des Menschen von Null bis Hundert reicht, während das Leben unserer Völker unbegrenzt ist.

Wir Afrikaner von Guinea sind der festen Überzeugung, daß unser Mut, unsere Loyalität, unser Schaffensdrang, unser Streben nach Gerechtigkeit und Fortschritt der »Communauté« auf Dauer Kraft und Wohlstand verleihen wird.

Fassen wir unsere Position gegenüber dem Verfassungsentwurf und der Volksabstimmung vom 28. September noch einmal zusammen: Guinea wird nur dann mit »Ja« stimmen, wenn die Verfassung folgende Elemente enthält.

1. das Recht auf Unabhängigkeit und Gleichberechtigung aller assoziierten Völker. Dieses Recht muß ihnen die Möglichkeit schaffen, Selbstverwaltungs-, Selbst-

bestimmungs- und Selbstregierungseinrichtungen in ihren Territorien und in dem größeren Ganzen ins Leben zu rufen;
2. das Recht auf Kündigung. Sonst könnte die franko-afrikanische Gemeinschaft zu Recht von den künftigen Generationen als Akt der Willkür und des Zwanges angesehen werden;
3. die Zuverlässigkeit und Aktivität aller assoziierten Völker und Staaten zur Beschleunigung und Harmonisierung ihrer Entwicklung.
Wir wagen zu hoffen, Herr Präsident, daß Ihre Regierung im recht verstandenen Interesse der Völker von Übersee und von Frankreich der Volksabstimmung einen Verfassungsentwurf vorlegen wird, der unseren Vorstellungen Rechnung trägt, der sich nicht auf Rechtsvorstellungen eines undemokratischen (»impopulaire«) Regimes beruft, sondern auf die Forderungen mündiger Völker, entschlossen, sich eine gemeinsame Zukunft in Freiheit, Würde und Brüderlichkeit zu schaffen. »Pour la Communauté Multinationale que sera l'Association de nos Etats, pour l'Unité et l'Emancipation de l'Afrique: Vive la Guinée, Vive la France!«
(Quelle: Ahmed Sékou Touré, Expérience guinéenne et Unité Africaine, S. 79–86)

2. *Communiqué der französischen Regierung zum Ergebnis der Volksabstimmung in Guinea, 28. 9. 1958*

Artikel 1 der Verfassung sieht vor: Die Republik und jene Völker der Überseegebiete, die in einem Akt freier Selbstbestimmung diese Verfassung annehmen, gründen eine »Communauté«.
Durch die Abstimmung vom 28. 9. haben die guinesischen Wähler die ihnen vorgelegte Verfassung abgelehnt. Damit hat sich Guinea von den anderen Gebieten Französisch-Westafrikas getrennt, die der Verfassung zugestimmt haben.
Damit wird die Verfassung in Guinea nicht promulgiert.
Damit ist Guinea nicht mehr innerhalb der »Communauté« vertreten, weder in ihren französischen noch ihren afrikanischen Organen.
Damit kann Guinea nicht mehr in den normalen Genuß des Beistandes der französischen Verwaltung oder der französischen Entwicklungskredite kommen. Damit müssen die Verantwortlichkeiten, die der französische Staat bisher in Guinea wahrgenommen hat, einer Revision unterzogen werden.
Um das verwaltungs- und finanztechnische Funktionieren des Territoriums nicht zu stören, bleiben die in Guinea eingesetzten Beamten des französischen Staates bis auf weiteres auf ihren Posten; ihr Einsatz in anderen Gebieten wird von dem Hohen Kommissar in Französisch-Westafrika vorbereitet und in einem Zeitraum von 2 Monaten schrittweise durchgeführt. Die Suspendierung der Entwicklungstätigkeit läßt keinerlei neue Initiative zu.
(Quelle: Ahmed Sékou Touré, Expérience guinéenne et Unité Africaine, S. 203)

3. *Gemeinsame Erklärung der Regierungschefs von Ghana und Guinea anläßlich des Staatsbesuches von Ahmed Sékou Touré in Ghana vom 20.–24. November 1958*

Angeregt durch das Beispiel der 13 amerikanischen Kolonien, die sich bei der Erlangung ihrer Unabhängigkeit zu einer Konföderation, den späteren Vereinigten Staaten von Amerika, verbanden;

angeregt ebenfalls durch die Tendenzen der Völker Europas, Asiens und des Mittleren Ostens, sich auf tragfähiger Basis neu zu organisieren;
angeregt außerdem durch die Erklärung der Konferenz von Accra über die afrikanische Persönlichkeit;
sind wir, die Premierminister von Ghana und Guinea im Namen unserer Regierungen, vorbehaltlich der Ratifizierung durch die Parlamente unserer Länder übereingekommen, unsere Staaten als Kern einer Union westafrikanischer Staaten zu konstituieren.
Wir wissen, daß das Streben nach Einigung von allen Völkern unseres Kontinents geteilt wird, und rufen deshalb die Regierungen der unabhängigen Staaten Afrikas ebenso wie die politische Führung der noch abhängigen Länder auf, uns bei unserem Bemühen zu unterstützen. In demselben Geist würden wir es begrüßen, wenn andere westafrikanische Staaten sich unserer Union anschlössen.
In einem ersten Schritt haben wir eine Bundesflagge angenommen; wir haben ferner beschlossen, engste Kontakte zwischen unseren Regierungen zu pflegen, um unsere Politik vor allem im militärischen, außenpolitischen und wirtschaftlichen Bereich auf einander abzustimmen.
Unser nächster Schritt wird die Ausarbeitung einer Unions-Verfassung sein.
Wir erklären schließlich, daß unsere politischen Schritte zur Schaffung einer Union Westafrikanischer Staaten in keiner Weise die bestehenden oder die künftigen Beziehungen zwischen Ghana und dem Commonwealth, zwischen Guinea und der ›Communauté‹ vorwegnehmen oder im voraus bestimmen sollen.

Accra, den 23. 11. 1958 Kwame Nkrumah
Premierminister Ghanas
Sékou Touré
Premierminister Guineas

(Quelle: Vincent Bakpetu Thompson, Africa and Unity. The Evolution of Pan Africanism. London 1969. S. 358–359)

4. Guinea und die Organisation für Afrikanische Einheit

Manche afrikanische Regierungen vertreten die Ansicht, Afrika könne sogleich ein multinationaler Staat mit einer einzigen Regierung und einem einzigen Parlament werden. Diese dynamische Konzeption findet die volle Unterstützung Guineas.
Dagegen sind einige afrikanische Regierungen der Auffassung, die gegenwärtigen Strukturen müßten erhalten bleiben und die Rolle der O.A.U. bestünde lediglich in der Koordination. Zwischen diesen beiden Positionen liegen Welten. Mit vordringlicher Notwendigkeit müßte hier überzeugend klargestellt werden, inwiefern unsere gesamte weitere Entwicklung von unserer Einheit abhängt. Wir müssen einen Schritt tun in Richtung auf ein gemeinsames Vorgehen.
Seit der Erklärung der Unabhängigkeit Guineas haben wir unsererseits betont, daß wir bereit sind, die Attribute unserer Souveränität teilweise oder in ihrer Gesamtheit zugunsten eines größeren Ganzen abzutreten. Diese Bereitschaft hat in der Selbstauflösung der sogenannten »Casablanca-Gruppe« ein Echo gefunden, die mit dem Tag aufgehört hat zu existieren, an dem die Charta der O.A.U. in Addis-Abeba unterzeichnet wurde, am 25. Mai 1963.

(Quelle: Ahmed Sékou Touré, L'Afrique et la Révolution, S. 312)

5. Der Kampf gegen den Imperialismus

Die unterdrückten Völker Afrikas wollen einmal mehr zu verstehen geben, daß die Freiheit ihres Kontinents unteilbar ist und daß die Unabhängigkeit jedes einzelnen unserer Länder untrennbar ist von der Unabhängigkeit der anderen Länder der Erde.

Unser Streben nach der Emanzipation Afrikas ist so von der doppelten Sorge getragen: die Folgen der alten Herrschaft zu beseitigen und ein wirtschaftlich lebensfähiges Afrika zu schaffen. Diese Bemühungen unterstützen die Anstrengungen der anderen demokratischen Kräfte, die sich für den Weltfrieden und die Völkerverständigung einsetzen.

Die Imperialisten hatten ihr Urteil über Afrika von dem alten Zustand der Resignation der afrikanischen Völker vor ihrer technischen Überlegenheit gewonnen. Sie wußten nicht um die geheimen Reaktionen unserer Völker gegenüber dem System der Ausbeutung und Entmenschlichung, das sie errichtet hatten. Weil sie grundsätzlich hinter der schwarzen oder gelben Haut keinen menschlichen Gedanken erkennen wollten, sprachen sie uns Intelligenz, Willen sowie andere Tugenden und Fähigkeiten ab. Durch ihre Herrschaft entmenschlicht, waren sie unfähig geworden, die ungeheuren menschlichen Kraftreserven zu entdecken, die nicht zur Entfaltung gelangen konnten, von deren Einsatz aber der weitere Verlauf der Geschichte abhing. Deshalb weigern sich auch, die Rolle anzuerkennen, die dem afrikanischen Kontinent für das künftige Gleichgewicht der Welt zukommen wird, sobald alle Völker ihre volle Souveränität ausüben werden.

Der Ablauf der Geschichte Afrikas erlebt heute eine derartige Beschleunigung, daß entscheidende Ereignisse einander in unerhörtem Rhythmus folgen ... Das bezeichnendste Geschehnis war sicherlich die generelle und selbstbewußte Mobilisierung aller unserer Völker gegen den Imperialismus. Alle Versuche, dieses unersättliche Drängen Afrikas nach Wiedererlangung seiner Würde abzuschütteln, sind erfolglos geblieben. Auf dem ganzen Kontinent ertönt derselbe herzzerreißende Schrei: Unabhängigkeit. Deshalb sind heute Unabhängigkeit, Einheit und Fortschritt die drei unwiderstehlichen Kräfte, die das große Fragezeichen, Afrika, erschüttern und dort alle Energien auf den Plan rufen.

Zu einer Zeit, wo die Amerikaner und die Russen sich anschicken, das Aktionsfeld des Menschen durch die Eroberung des Mondes zu erweitern, kann es Afrika nicht mehr zulassen, daß der Kolonialismus weiterhin seine Herrschaft über die afrikanischen Völker aufrecht erhält und die Ausbeutung ihrer Reichtümer fortführt. Darf der menschliche Fortschritt ins Weltall und zum Mond vorstoßen, ohne daß die Freiheit und die Würde der alten Kolonialvölker ihre Anerkennung gefunden hätten? Deshalb darf Afrika das Ausmaß der Anstrengungen nicht unterschätzen, die es zur Überwindung seiner weltweiten Disqualifizierung auf sich nehmen muß. Guinea repräsentiert in dieser Hinsicht nicht nur den Emanzipationswillen seiner vier Millionen Männer und Frauen, durch den Kampf seines Volkes steht es auch stellvertretend für das Sehnen der 260 Millionen Männer und Frauen des afrikanischen Kontinents, die Jahrtausende an den Rand der Geschichte gedrängt waren, dem Hunger, der Krankheit und Unwissenheit ausgeliefert, zu Schlachtvieh degradiert, ausgeraubt und vergewaltigt.

(Quelle: Ahmed Sékou Touré, L'Afrique et la Révolution, S. 261–263)

6. Afrika zwischen Ost und West

Afrika übersieht nicht die Existenz zweier Blöcke, die auf das Weltgeschehen einwirken. Der Ost-West-Gegensatz läßt allerdings oft die Notwendigkeit vergessen, Afrika selbst zu befragen, um den Erfordernissen seiner Entwicklung und der Zielsetzung dieser Entwicklung in den entscheidenden Bereichen des menschlichen Lebens Rechnung zu tragen.

Wir wissen, Afrika ist in den Augen der Imperialisten ein zweitrangiger Kontinent, nur als Ausbeutungsobjekt und als mehr oder weniger leichtgläubiger Partner von Interesse.

Diesem schwerwiegenden Irrtum fallen alle jene zum Opfer, die die Geschehnisse auf dem afrikanischen Kontinent außerhalb ihrer konkreten Umstände beurteilen. Für manche gibt es überhaupt nur zwei Kraftzentren: den Osten und den Westen. Sie behaupten, Afrika begebe sich ins Schlepptau Europas oder der UdSSR und werde sich in die Vorstellungen und Strukturen eines dieser Blöcke eingliedern. Dabei übersehen sie, daß die Welt ursprünglich weder ein Kolonialsystem noch eine Ost-West-Spaltung gekannt hat. Sie wissen auch nicht, daß vor kaum 100 Jahren niemand mit der Möglichkeit rechnete, die Vereinigten Staaten von Amerika und die Sowjetunion könnten eines Tages die mächtigsten Nationen der Erde werden. Sie ignorieren ferner, daß die Zukunft Afrikas danach bemessen sein wird, was die afrikanischen Völker trotz aller Hindernisse aus ihm zu machen entschlossen sein werden. Wir bleiben dem antikolonialen Geist der Konferenzen von Bandung und Addis Abeba treu und erklären, daß das gemeinsame Vorgehen Afrikas und Asiens zur Befreiung der Völker und zur Beseitigung jeder Form von Rassendiskriminierung uns nicht von dem Bemühen um den Weltfrieden und den demokratischen Fortschritt aller Nationen abhält.

Deshalb muß nicht Afrika befragt werden, ob es sich zu einem der Blöcke bekennt; vielmehr sollte dem östlichen wie dem westlichen Lager diese grundsätzliche und vordringliche Frage vorgehalten werden: »Sind Sie, ja oder nein, für die Befreiung und Einigung Afrikas?« Diese Frage ist von der Geschichte aufgeworfen worden, und man muß zugeben, daß die sozialistischen und demokratischen Staaten sich vorbehaltlos auf die Seite der kolonisierten Völker Afrikas und Asiens gestellt haben, um ihnen beim Zerreißen der Ketten zu helfen, die ihnen von den imperialistischen Mächten des westlichen Lagers angelegt worden waren. Die Antwort auf diese Frage hat daher die Haltung der Völker Afrikas zu den gegenwärtigen Machthabern bestimmt. Es sind daher unsere wirklichen Verbündeten, die mit uns die Beseitigung des Imperialismus und des Kolonialismus als eine Vorbedingung für den Weltfrieden ansehen.

(Quelle: Ahmed Sékou Touré, L'Afrique et la Révolution, S. 274–275)

7. Verfassung der Republik Guinea, am 10. November 1958 von der Volkskammer angenommen (Auszug)

Präambel.

Die Republik Guinea hat mit ihrer mehrheitlichen Entscheidung vom 28. September 1958 die Unterdrückung abgelehnt, dadurch ihre Nationale Unabhängigkeit erreicht und einen freien und souveränen Staat konstituiert. Der guineische Staat stimmt der Charta der Vereinten Nationen und der Erklärung der Menschen-

rechte zu. Er erklärt die Gleichheit und Solidarität all seiner Bürger, ohne Unterschied der Rasse, des Geschlechts oder der Religionszugehörigkeit. Er bringt seinen Willen zum Ausdruck, alles in die Wege zu setzen, um die Einheit und Unabhängigkeit Afrikas zu verwirklichen und zu festigen. In dieser Absicht bekämpft er jede Tendenz und jede Manifestation von Chauvinismus, in denen er ein ernstes Hindernis erblickt.
Er drückt seinen Wunsch aus, mit allen Völkern auf der Basis der Gleichheit, der gegenseitigen Interessen und der gegenseitigen Respektierung der nationalen Souveränität sowie der territorialen Integrität Bande der Freundschaft zu knüpfen.
Er unterstützt vorbehaltlos jede Politik, die sich die Schaffung der Vereinigten Staaten von Afrika sowie die Sicherung und Festigung des Weltfriedens zur Aufgabe macht.
Die Devise der Republik Guinea lautet: Herrschaft des Volkes durch das Volk und für das Volk.
Titel VIII. Art. 34.
Die Republik kann mit jedem afrikanischen Staat Verträge abschließen, in denen sie Teile oder die Totalität ihrer Souveränität im Blick auf die Schaffung der Einheit Afrikas abtritt.
(Quelle: Ahmed Sékou Touré, Expérience Guinéenne et Unité Africaine, S. 246)

8. *Guineas Währungspolitik*

Die Politik ist die Wissenschaft vom Einsatz aller theoretischen Erkenntnisse und aller praktischen Erfahrungen. Daher konnte Guinea sich nicht mit der bloßen politischen Unabhängigkeit zufrieden geben und einem anderen Staat die Verfügungsgewalt über seine Wirtschaft überlassen, als ob die Republik Guinea nicht existiere. Eine solche Torheit konnte Guinea nicht dulden.
So erscheint der guineische Franken als das augenfällige und praktische Zeichen für den Anspruch, die Geschicke in die eigene Hand nehmen zu wollen. Darin liegt nicht etwa eine Manifestation des Chauvinismus; dieser hat in unserer Ideologie keinen Platz, da wir den Menschen als untrennbar mit der Gesellschaft verbunden sehen. Mit der Einführung einer eigenen Währung hat Guinea sich ein wesentliches Attribut seiner Souveränität geschaffen. Dieser Schritt war notwendig, da unser Land sich als gleichberechtigt mit allen anderen versteht und eine Aufteilung der Welt in volljährige und minderjährige Nationen, in Übermenschen und Untermenschen ablehnt. Für uns sind alle Völker erwachsen: alle sind mit Selbstbewußtsein und dem Willen zu Selbstbestimmung ausgestattet. Daß ihre Bewußtseinslage und ihr Entscheidungswille nicht den Aufklärungsgrad anderer Völker erreicht haben, ändert nichts an dieser grundlegenden Tatsache. Als Guinea den Entschluß faßte, sein Geschick in die eigenen Hände zu nehmen, wußte es genau, daß es in Zukunft in allen Bereichen des Lebens nur mehr auf sich selbst bauen könnte, daß nur es selbst die Grundlagen seines Glücks zu legen in der Lage wäre. In dieser Konstellation ist die Entscheidung für die eigene Währung gefallen...
Ihr wirklicher Rückhalt ist die Produktion. Wenn wir unsere Produktion verdoppeln, wird auch der Wert unserer Währung verdoppelt; wenn wir unsere Produktion um das Fünffache oder um das Tausendfache steigern, wird auch ihr Wert in diesem Maße wachsen...

Der Imperialismus weiß sehr wohl, daß diese Theorie richtig ist; auch versucht er, ihre Anwendung unmöglich zu machen. Daher seine Feindseligkeit gegenüber der Republik Guinea; sie bestätigt nur die Richtigkeit unserer Handlungsweise. Böswillige Länder haben vor nicht langer Zeit Falschgeld nach Guinea importiert, um das Verhältnis von Papiergeld und Konsumgütern zu modifizieren. Damit sollte unsere Wirtschaft lahmgelegt und unsere Unfähigkeit, unser Land selbst zu regieren, unter Beweis gestellt werden. Solche Machenschaften sind jedoch ungeeignet, den unerschütterlichen Willen des guineischen Volkes zu Selbstbestimmung und zur Teilnahme an der Befreiung Afrikas und der Welt in Frage zu stellen. Die Währung ist das Symbol aller anderen Symbole, der Wert, der alle anderen Werte bestimmt. Wenn ein Volk nicht über seine eigene Währung verfügen kann, ist es nicht unabhängig; denn alle anderen Bereiche, der soziale, kulturelle und menschliche sind dem wirtschaftlichen untergeordnet.
Wissen allein genügt nicht; erst seine Anwendung schafft wirtschaftliche Macht. Das bedeutet, daß ein Land nur dann Träger der eigenen Entwicklung ist, wenn es die Verfügungsgewalt über die eigene Währung hat. So ist die guineische Währung der Ausdruck unseres Entwicklungsstrebens und unserer Entschlossenheit, unser Land jedem schädlichen Einfluß von außen zu entziehen.
(Quelle: Sékou Touré, L'Afrique et la Révolution, S. 333–335)

9. Die innen- und außenpolitische Wende von 1967

Bei den Völkern Afrikas drückt sich wie bei allen vom Imperialismus beherrschten Völkern der Klassenkampf zunächst durch eine anti-imperialistische, anti-kolonialistische und anti-feudalistische Haltung aus, da diese Kräfte an der Wurzel der meisten Übel liegen, unter denen das Volk zu leiden hat. Das wesentliche Übel war das Fehlen der Freiheit und der Verantwortung für die eigene Zukunft. Nichts konnte im Sinne eines allgemeinen Fortschritts erreicht werden, solange nicht die Freiheit und die Souveränität erkämpft waren. Mit ihrer Eroberung befand sich das Volk in einer besseren Lage, um gegen die reaktionäre Klasse vorzugehen. Ein endgültiger Sieg über den internen Klassenfeind war aber so lange nicht abzusehen, als die dominierende Wirklichkeit der Fremdherrschaft, der kolonialistische und imperialistische Einfluß war ... In einer ersten Phase haben wir daher die interne Auseinandersetzung hintangesetzt und zunächst den anti-imperialistischen, anti-kolonialistischen und anti-feudalistischen Kampf forciert. Dies zeigte sich in einer rigorosen und militanten Außenpolitik, die sich auf keinen wie auch immer gearteten Kompromiß einließ, der das politische Gesamtkonzept oder die Erfahrungen des Volkes verraten hätte. Dem entsprach eine größere innenpolitische Nachgiebigkeit mit dem Ziel, neue nationale Strukturen mit maximaler Kohäsion zu schaffen.
Mit dem 8. Nationalkongreß der »Parti Démocratique de Guinée« hat sich diese Situation in ihr Gegenteil verkehrt. Eine neue Phase hat begonnen: sie charakterisiert sich durch eine größere außenpolitische Nachgiebigkeit in der Frage der anti-imperialistischen Strukturen in Afrika (O.E.R.S. und Regionalgruppierungen) ohne Ansehen der politischen Optionen der Nachbarländer. Die Betonung liegt auf den Möglichkeiten der Zusammenarbeit. Eine gewisse Großzügigkeit kennzeichnet nunmehr die afrikanische und internationale Politik der Partei, während sozialistische Unerbittlichkeit die Innenpolitik der Revolution bestimmt.

Wir wechseln gleichsam die Prinzipien der Innen- und Außenpolitik gegeneinander aus: Volksdemokratie und sozialistische Revolution. Eines tritt an die Stelle des anderen: die systematische Strenge in der ersten Phase außenpolitisch angesetzt, wird nun zum bestimmenden Faktor der Innenpolitik, während Kooperationsbereitschaft, politischer Realismus und Suche nach Gemeinsamkeiten, früher Merkmal der Innenpolitik, nun zur Außenpolitik überwechseln. Wir hatten jedoch lange vor dem 8. Kongreß feststellen müssen, daß es in unserer Volksdemokratie neben der Entstehung eines neuen Bewußtseins paradoxerweise auch zur Entstehung einer Klasse von Parasiten, einer neuen Bourgeoisie und einer ganzen Schar persönlicher Nutznießer gekommen war. Eine Klasse war entstanden, die imstande war, die Revolution zunichte zu machen, sobald sie dazu die Mittel besessen hätte. Ihrem Treiben mußte man zuvorkommen. Deshalb verlangt die auf dem 8. Parteitag proklamierte neue Phase die Radikalisierung der Revolution... In der Einschätzung jedes Aktionsprogramms und bei der Erarbeitung jeder Entscheidung muß die strenge Linie der Revolution sich durchsetzen. Die Radikalisierung der Revolution verlangt Festigkeit und Wachsamkeit von seiten des Volkes, die Beseitigung von Empfindlichkeit, die endgültige Verbannung jeden zweideutigen Handelns, die unerbittliche Durchsetzung der revolutionären Prinzipien und die Einführung der revolutionären Moral.

(Quelle: Sékou Touré, La Révolution Culturelle, S. 148–150)

10. *Radiobotschaft von Ahmed Sékou Touré aus Anlaß der Invasion vom 22. November 1970*

Volk von Guinea.
Seit heute, Sonntag, den 22. November, 2 Uhr morgens, bist du in deiner Hauptstadt Conakry das Opfer einer imperialistischen Aggression. Ausländische Kriegsschiffe befinden sich in deinen territorialen Gewässern und haben europäische und afrikanische Söldner an Land gesetzt.
Dieser Angriff ist Teil eines größeren Planes, nach dem auswärtige Mächte die revolutionären Länder Afrikas zurückerobern wollen. Der portugiesische Kolonialismus dient als Brückenkopf dieser Aggression.
Das Volk Guineas verteidigt sich ... bis auf den letzten Mann ...
Die Völker Afrikas werden im Bewußtsein ihrer Freiheit an unserer Seite die Würde und Souveränität unseres Kontinents verteidigen. Alle progressistischen Völker der Erde werden unsere Sache verteidigen, weil sie mit ihren Interessen und ihrem Recht auf ein Leben in Freiheit und Würde untrennbar verbunden ist.
Bereit zur Revolution!
Es lebe die Revolution!

(Quelle: L'Agression portugaise contre la République de Guinée. Livre Blanc, S. 9)

11. *Appell des guineischen Präsidenten Ahmed Sékou Touré an die ganze Welt. Radiobotschaft vom 25. November 1970*

Nach dem Appell der Regierung der Republik Guinea an die Vereinten Nationen wird am heutigen Tage, dem 25. November 1970, eine Delegation der UNO in Conakry erwartet.

Das Eintreffen dieser Delegation kommt unserem Ersuchen allerdings nicht in voller Weise nach: wir hatten um die sofortige Entsendung von Luftlandetruppen zum Schutz vor den fremden Flotteneinheiten in den guineischen Gewässern gebeten.
Nach Auffassung der Regierung der Republik Guinea bietet die Delegation dennoch die Möglichkeit, unwiderlegbar die volle Verantwortung der portugiesischen Regierung für den verbrecherischen Überfall auf das souveräne Volk Guineas nachzuweisen. Deshalb appelliert die Regierung an die in Conakry anwesenden Mitglieder des diplomatischen Korps. Wir wissen, daß sie alle Bewegungen der Aggressoren gegen die Zentren der Hauptstadt und gegen die Bevölkerung im einzelnen haben verfolgen können. Wir wissen, daß sie das Hin und Her kleiner Schiffe mit uniformierten portugiesischen Söldnern weißer Hautfarbe zwischen unserer Küste und der hohen See beobachtet haben. Alle haben das Erscheinen ihrer Jagdflugzeuge am Himmel unserer Hauptstadt miterlebt. Wir wissen ferner, daß befreundete Länder durch die Verwundung oder Ermordung einiger ihrer Experten in Mitleidenschaft gezogen wurden.
Diese Tatsachen wiegen um so schwerer, als auch jetzt noch feindliche Schiffe und Unterseeboote vor unserer Küste liegen und die ... Nation aushungern wollen.
Deshalb haben wir alle befreundeten afrikanischen Staaten, denen die Freiheit, die Unabhängigkeit und die Würde Afrikas am Herzen liegen, aufgerufen, uns in geeigneter Form und ohne Zögern bei unserem Verteidigungskampf gegen den portugiesischen Kolonialismus und den reaktionären internationalen Imperialismus zu Hilfe zu kommen.
Heute wenden wir uns in gleicher Weise an alle befreundeten Länder außerhalb Afrikas, vor allem an jene, die sich durch ihre Stimme im Sicherheitsrat oder durch ihre eindeutige Verurteilung der Aggression zu uns bekannt haben. Wir bitten sie, uns ohne Zögern jede nur mögliche Hilfe zukommen zu lassen.
Das Volk und die Regierung Guineas erwarten für die nächsten Tage ein konkretes Zeichen ihrer Solidarität. Die Völker und Regierungen der afrikanischen, asiatischen und arabischen Staaten, die auf unseren Appell schon geantwortet haben, mögen hiermit unseren aufrichtigen Dank entgegennehmen.
Es lebe das freie, unabhängige, souveräne und selbstbewußte Afrika! Es lebe die Revolution!
(Quelle: L'Agression portugaise contre la République du Guinée. Livre Blanc, S. 80–81)

12. Kommuniqué des Oberbefehlshabers über die Beteiligung der Bundesrepublik Deutschland an der Invasion Guineas

Nach der Ausweisung von einhundert westdeutschen Staatsangehörigen aus der Republik Guinea gibt das Oberkommando folgende Einzelheiten bekannt, die die öffentliche Meinung innerhalb und außerhalb des Landes über die Hintergründe dieser Maßnahme aufklären sollen.
Die Ausweisung westdeutscher Experten aus Guinea steht in direktem Zusammenhang mit der bewaffneten Aggression vom 22. November.
Die Untersuchung der Verantwortlichen bei der Planung und der Durchführung der Invasion ist weit genug fortgeschritten, um folgendes mit Sicherheit behaupten zu können:

1. Die westdeutschen Behörden sind mitverantwortlich (»la complicité active des autorités ouest-allemandes«) für die Vorbereitung und die Durchführung der bewaffneten Aggression, deren volle Verantwortlichkeit bekanntlich auf Portugal zurückfällt.
2. Gewisse Auslandsguineer haben ständige Kontakte mit den westdeutschen Behörden unterhalten, um im Anschluß an die direkte portugiesische Intervention schwere innere Unruhen und den Sturz der Regierung zu bewerkstelligen.
3. In sorgfältiger Vorbereitung wurden die psychologischen und militärischen Bedingungen eines Bürgerkrieges in allen vier Provinzen Guineas geschaffen. Das Oberkommando hält das Beweismaterial für diese Vorbereitung in Händen, darunter einen Evakuierungsplan für die westdeutschen Familien in Guinea.
Das Oberkommando ist ebenfalls im Besitz von Beweisen für einen Attentatsplan gegen den »Responsable Suprême de la Révolution«, den Präsidenten Ahmed Sékou Touré.
4. Bei der westdeutschen Kolonie in Kankan ist ein Spionagering ausgehoben worden, der sich gegen die innere Sicherheit der Republik Guinea richtete. Chef dieses westdeutschen Zentrums war niemand anderer als der frühere Kommandant der Waffen-SS, der berüchtigte Bruno Freitag, Nazikriegsverbrecher, alias Herman Seibold, ein Spezialist für materielle und moralische Korruption sowie für intensive Indoktrination.
5. Ausgehend von Seibolds Zentrale in Kankan und der nicht unmittelbar gefährlichen Zentrale der westdeutschen Gruppe Fritz Werner in Conakry war ein weites Netz gespannt worden, vergleichbar mit der fünften Kolonne unseligen Angedenkens aus den Kriegsannalen von 1939 bis 1945.
6. Westdeutsche Elemente haben wirksam an der portugiesischen Attacke vom 22. November teilgenommen; der Direktor von Fritz Werner, Kommandant Tiesenhausen, ist im Verlaufe dieser Aktion von den eigenen Komplizen, den portugiesischen Eindringlingen, erschossen worden.
7. Mit dem Netz der fünften Kolonne wurde auch ein Plan für Industriesabotage entdeckt, ebenso ein Plan für den Schmuggel von Devisen, Kunstgegenständen, Edelsteinen, Waffen und Munition jeder Art, und zwar unter den erschwerenden Umständen der Benutzung des diplomatischen Weges über die westdeutsche Botschaft in Conakry.

Im übrigen besteht eine direkte Verbindung zwischen dem Selbstmord des westdeutschen Botschafters und seiner Gemahlin in Lissabon und dem Fehlschlagen der portugiesischen Aggression gegen Guinea.

Die Republik Guinea schätzt sich glücklich des patriotischen Geistes, des politischen Bewußtseins und des Mutes, mit dem das tapfere Volk die barbarische Aggression der portugiesischen Horden zurückgeschlagen und die fünfte Kolonne ausgerottet hat, jene infernalische Maschinerie, die nicht aufgehört hat, gegen die Einheit der Nation zu konspirieren, gegen ihre Volksregierung und gegen ihren revolutionären Glauben an die Freiheit, die Würde und den Fortschritt unter der Leitung ihres unbestrittenen Führers, Ahmed Sékou Touré, des Oberbefehlshabers der revolutionären Streitkräfte.

Es lebe die aufrichtige und loyale internationale Zusammenarbeit. Bereit zur Revolution!

(Quelle: L'Agression portugaise contre la République de Guinée. Livre Blanc, S. 196–198)

13. *Telegramm Papst Pauls VI. an Präsident Ahmed Sékou Touré*

Drücken als Hirt der Universellen Kirche Eurer Exzellenz unsere tiefe Sorge über eventuelle Todesurteile gegen Personen aus, die vor dem Tribunal der Guineischen Nationalversammlung stehen. Unter ihnen unser geliebter Sohn M. Raymond-Marie Tchidimbo, Erzbischof Conakry. Appellieren feierlich an die Großzügigkeit der zuständigen Behörden Republik Guinea, das Leben der Angeklagten zu schonen. Ersuchen dringend Eure Exzellenz, im Namen des allmächtigen Gottes unserer von selbstloser Liebe für Afrika getragenen Bitte zu entsprechen.

P. P. Paul VI.

(Quelle: L'Agression portugaise contre la République de Guinée. Livre Blanc, S. 563)

14. *Antwort des guineischen Staatspräsidenten auf das Telegramm Papst Paul' VI.*

Wir haben Ihr Gnadengesuch für Ihren Sohn Raymond-Marie Tchidimbo erhalten, der vor kurzem von der Nationalversammlung zu einer Gefängnisstrafe verurteilt worden ist. Schmerzerfüllt teilen wir Ihnen mit, daß mehr als 200 Unschuldige der portugiesischen Aggression vom November in Conakry, Gaoual und Koundara zum Opfer gefallen sind.

In Übereinstimmung mit den zahlreichen Waisen und Witwen hat unser Volk beschlossen, die Aggressoren und ihre lokalen Komplizen streng zu bestrafen. Das geschah auch zum Schutze der nationalen Unabhängigkeit und des sozialen Friedens, damit unsere menschliche Gesellschaft in Freiheit, Würde und Selbstverantwortung leben kann.

Wir respektieren die Freiheit und die Grundrechte des Menschen, sind aber der Auffassung, daß diese Freiheit und diese Rechte sich vom Volk ableiten. Das Volk schafft den Menschen, den Fortschritt und verleiht ihm mit dem Bewußtsein und der Praxis Menschlichkeit und soziale Nützlichkeit.

Wir sind tiefgläubige Menschen, glauben aber, daß Gottesliebe und Gottesdienst ständigen und aufrichtigen Dienst am Volk und am Menschen bedeutet; die Liebe zum Menschen ist nach unserer Überzeugung mit der Geringschätzung des Volkes und dem Verrat am Vaterland unvereinbar.

Die guineische Revolution geht von der Freiheit, der Würde und der Verantwortlichkeit des Menschen aus. Für uns ist jeder Mensch gleich, unbeschadet seiner Rasse, seiner Religion, seiner Hautfarbe und seines Geschlechtes.

Wir wissen, daß Sie in Ihrem hohen geistlichen Amt alle Menschen als Söhne betrachten. Unsere Entscheidung für die Laizität des Schulwesens hat die Festigung der nationalen Einheit zum Ziel.

Unsere Entscheidung für die Afrikanisierung des katholischen Klerus in Guinea sollte unserem Volk eine größere Verantwortung übertragen, um seine Rehabilitierung durch Fortschritte in allen sozialen und kulturellen Funktionen voranzutreiben. Mit der Verurteilung des Bürgers Raymond-Marie Tchidimbo hat unser Volk die Person von der christlichen Kirche trennen wollen. Ebenso war es bei einem früheren Komplott verfahren, als es den ersten islamischen Imam von Conakry wegen Vaterlandsverrat mit der höchsten Strafe bedachte.

Unser Volk will frei und würdig sein. Es respektiert alle Völker und alle Regierungen. Unser Volk kämpft gegen den Imperialismus und den Kolonialismus und

unterstützt alle Völker, die den verbrecherischen Machenschaften des Imperialismus zum Opfer fallen.
Wir haben erfahren, daß der Heilige Vater für die Befreiung der unschuldig Verfolgten gebetet hat, und unterstützen ihn ohne Vorbehalt. Wir fügen die inständige Bitte hinzu, alle Kathedralen, alle Moscheen, alle geistlichen Gemeinschaften und alle Menschen mögen dieselben Gebete verrichten für jene, die die heilige Sache der Gerechtigkeit, der Freiheit und des Fortschritts der Völker verteidigen. Anderseits mögen sie jene verwünschen, die die Verwirklichung dieser hohen Ziele geringschätzen oder in Frage stellen.
Wir ersuchen Sie erneut, diese Gebete in der ganzen Welt verordnen zu wollen. Gott ist die Gerechtigkeit und die Freiheit; er ist der einzige unfehlbare Beschützer. Wir sind sicher, daß er allein in den Gewissen liest und die Wahrheit kennt, die Menschen vorübergehend vor ihresgleichen verbergen können.
Wir erneuern unsere Achtung vor Ihrer Person, Heiliger Vater, und versichern Sie unserer vorzüglichen Hochachtung

Ahmed Sékou Touré.
(Quelle: L'Agression portugaise contre la République du Guinée. Livre Blanc, S. 563–565)

15. *Bericht der Untersuchungskommission des Weltsicherheitsrates über die Ereignisse in der Republik Guinea*

(Die Kommission wurde nach einer Resolution vom 22. 11. 1970 konstituiert. Sie bestand aus Padma Bahadur Khatri/Nepal (Vorsitzender), Augusto Espinosa/Columbien, Max Jacobson/Finnland, Eugeniusz Kulaga/Polen und Vernon Johnson Mwaanga/Zambia. Sie reiste am 25. 11. 1970 nach Guinea und kehrte am 29. 11. 1970 nach New York zurück.)

33. Aus den Nachforschungen und Beobachtungen der Sondermission in Guinea ergibt sich ein allgemeines Bild von den Vorgängen am 22. und 23. November 1970.
34. In der Nacht vom 21. auf den 22. November ist ein Flottenverband vor Conakry erschienen. Er bestand aus zwei Truppentransportern, die den Informationen entsprechend im zweiten Weltkrieg unter der Bezeichnung LTS liefen, und aus drei oder vier kleineren Patrouillenbooten.
35. Am 22. November wurden beim Morgengrauen Truppenkontingente mit Hilfe von Motorbooten an Land gebracht. Die Stärke des Invasionskorps belief sich auf 350 bis 400 Mann. Die Soldaten trugen Uniformen, die denen der Republik Guinea ähnlich waren, aber außer grünen Armbinden keine Abzeichen aufwiesen. Sie waren mit Infanteriewaffen einschließlich Panzerfäusten und Mörsern ausgerüstet.
36. Sie haben sich in mehrere Gruppen aufgeteilt. Einige dieser Gruppen waren auf strategische Punkte Conakrys angesetzt, vor allem auf Armeelager, den Flughafen und das Elektrizitätswerk. Eine Gruppe hat die Sommerresidenz des Staatspräsidenten zerstört, während eine andere den vergeblichen Versuch unternahm, den Präsidentenpalast zu stürmen. Auch der Sitz des »Parti Africain de l'Indépendance de la Guinée et des Iles du Cap Vert« wurde angegriffen. Die Invasoren haben ein Armeelager besetzt, in dem guineische

Staatsbürger wegen regierungsfeindlicher Umtriebe sowie portugiesische Gefangene interniert waren. Die Gefangenen sind befreit worden; einige von ihnen, vor allem die portugiesischen Gefangenen, sind offensichtlich auf die wartenden Schiffe gebracht worden. Es ist beobachtet worden, daß die Motorboote häufig zwischen den Transportern und der Küste hin und her gefahren sind.

37. Die Kämpfe haben sich an verschiedenen Punkten der Stadt bis zum Morgen des 23. November hingezogen. Dann haben sich die Angreifer auf ihre Schiffe zurückgezogen und sind aufgebrochen. Der Untersuchungskommission ist die genaue Zahl der Opfer nicht bekannt. Nach Angaben guineischer Stellen sind über 100 Angreifer gefangengenommen worden.

38. Die Aktion war offensichtlich gut vorbereitet; sie wurde nach einem genauen Plan durchgeführt. Ihr Ablauf läßt Rückschlüsse auf ihre eigentliche Zielsetzung zu. Der Angriff auf das Palais des guineischen Staatspräsidenten und die Befreiung der guineischen Gefangenen bestätigt die Überzeugung guineischer Regierungsvertreter, daß die Invasion einen Staatsstreich plante. Manches deutet auch darauf hin, daß sie die Führer und den Sitz des PAIGC treffen wollte, um die Schlagkraft dieser Befreiungsbewegung zu schwächen. Außerdem hatte sie das eindeutige Ziel, die portugiesischen Gefangenen zu befreien.

39. Zum Ausgangspunkt der Invasion wäre zu sagen, daß der Einsatz von Kriegsschiffen auf eine fremde Macht deutet. Für die Vertreter der guineischen Regierung herrschte kein Zweifel, daß es sich um Portugal handelte. Dies hat durch Angaben aus anderen Quellen eine Bestätigung gefunden, vor allem durch die Erklärung von Gefangenen vor der Untersuchungskommission, durch Augenzeugenberichte unabhängiger Beobachter und durch verschiedene materielle Beweisstücke.

40. Nach sorgfältiger Analyse aller Untersuchungsergebnisse kommt die Sondermission zu folgender Erklärung bezüglich des bewaffneten Seeangriffs auf die Republik Guinea:
    a) die zum Transport der Invasionstruppen in die guineischen Gewässer verwandten Schiffe hatten eine Besatzung, die sich aus Angehörigen der portugiesischen Streitkräfte, in der Mehrzahl weißer Hautfarbe, zusammensetzte und von weißen portugiesischen Offizieren kommandiert wurde;
    b) das Invasionskorps setzte sich aus Einheiten der portugiesischen Armee, unter ihnen vor allem aus afrikanischen Truppen von Guinea-Bissao, unter dem Befehl weißer Offiziere der regulären portugiesischen Armee und aus einem Kontingent regimefeindlicher Guineer zusammen, die auf dem Territorium von Guinea-Bissao ausgerüstet und ausgebildet worden sind.

41. Soweit die Untersuchungskommission in Erfahrung bringen konnte, hat sich das Invasionskorps in Guinea-Bissao konstituiert. Der Überfall auf das Territorium der Republik Guinea vom 22. und 23. November wurde von Seestreitkräften der portugiesischen Armee in Verbindung mit regimefeindlichen guineischen Einheiten von auswärts durchgeführt.

42. Die Dokumentensammlung der Sondermission wird als Beilage zu diesem Bericht der Öffentlichkeit übergeben.

    (Quelle: L'Agression portugaise contre la République de Guinée. Livre Blanc, S. 584–587)

16. *Resolution des Weltsicherheitsrates 290 (1970) vom 8. 12. 1970*
(mit 11 Jastimmen bei 4 Enthaltungen [Frankreich, England, USA, Spanien] ohne Gegenstimmen verabschiedet)

Nach eingehender Prüfung des Berichtes der Sondermission des Sicherheitsrates in der Republik Guinea, konstituiert durch Resolution 289 (1970 S. 10 009 und Beilage 1), nach Anhörung der Erklärungen des ständigen Vertreters der Republik Guinea, beunruhigt über die Tatsache, daß die Invasion des Territoriums der Republik Guinea am 22. und 23. November von Guinea-Bissao aus mit portugiesischen Seestreitkräften durchgeführt und in einem weiteren Angriff auf die Republik Guinea vom 27. und 28. November erneuert wurde, aufs äußerste besorgt über die schwere Bedrohung, die durch solche militärische Unternehmungen auf dem Frieden und der Sicherheit unabhängiger afrikanischer Staaten lasten, im Bewußtsein der Verantwortung für wirksame kollektive Maßnahmen zur Sicherung des Friedens, erinnernd an die Resolutionen 218 (1965) und 275 (1969), in denen er Portugal verurteilt und dessen Politik gegenüber der afrikanischen Bevölkerung seiner Kolonien und gegenüber den Nachbarstaaten als dem Frieden und der Stabilität des afrikanischen Kontinents abträglich bezeichnet hat, erneut das unveräußerliche Recht der Völker von Angola, Mozambique und Guinea-Bissao auf Freiheit und Unabhängigkeit betonend – gemäß der Charta der Vereinten Nationen und den Verfügungen der Resolution 1514 (xv) der Vollversammlung vom 14. Dezember 1960, betrübt über die Verluste an Menschenleben und über den hohen Sachschaden, die durch den Angriff auf die Republik Guinea verursacht wurden,

1. übernimmt der Sicherheitsrat die Schlußfolgerungen des Berichtes der Sondermission in Guinea;
2. er verurteilt mit Entschiedenheit die portugiesische Regierung wegen ihrer Invasion der Republik Guinea;
3. er verlangt von der portugiesischen Regierung eine volle Entschädigung aller durch die Invasion verursachten guineischen Verluste an Menschenleben und an Sachwerten; er beauftragt den Generalsekretär, der Regierung der Republik Guinea bei der Bemessung des Schadens behilflich zu sein;
4. er ruft alle Staaten auf, der Republik Guinea ihren moralischen und materiellen Beistand zur Verteidigung von Unabhängigkeit und territorialer Integrität zukommen zu lassen;
5. er erklärt, daß die Gegenwart des portugiesischen Kolonialismus auf dem afrikanischen Kontinent eine ernsthafte Bedrohung des Friedens und der Sicherheit der unabhängigen Staaten Afrikas darstellt;
6. er ersucht dringend alle Staaten, der portugiesischen Regierung keine weitere Militärhilfe oder sonstige Hilfsleistungen zu gewähren, wodurch diese in die Lage versetzt würde, ihre Repressionspolitik gegenüber der Bevölkerung der abhängigen oder unabhängigen Länder Afrikas fortzuführen;
7. er fordert die portugiesische Regierung auf, der Bevölkerung der von ihr abhängigen Gebieten ohne Zögern die Selbstbestimmung und die Unabhängigkeit zu gewähren, in Übereinstimmung mit den entsprechenden Resolutionen des Sicherheitsrates und mit der Resolution 1514 (xv) der Vollversammlung;
8. er setzt die portugiesische Regierung feierlich davon in Kenntnis, daß er im Falle erneuter militärischer Angriffe auf unabhängige Staaten Afrikas un-

mittelbar geeignete und wirksame Maßnahmen ergreifen wird, in Übereinstimmung mit den einschlägigen Verfügungen der Charta der Vereinten Nationen;

9. er bittet die portugiesische Regierung, alle Resolutionen des Sicherheitsrates, besonders diese gegenwärtige in ihrem vollen Wortlaut anzuwenden, wie es ihrer Verpflichtung auf Grund von Artikel 25 der Charta der Vereinten Nationen entspricht;
10. er bittet alle Staaten, vor allem die Verbündeten Portugals, ihren Einfluß geltend zu machen, damit die portugiesische Regierung dieser Resolution Folge leistet;
11. er fordert den Präsidenten des Sicherheitsrates und den Generalsekretär auf, die Anwendung dieser Resolution zu verfolgen;
12. er beschließt, die Angelegenheit auch weiter zu behandeln.

(Quelle: UN Monthly Chronicle. VIII. 1, Januar 1971, S. 18–19)

17. Eine Erklärung des »Regroupement des Guinéens en Europe« in Paris

Das »Regroupement des Guinéens en Europe« im Einvernehmen mit dem »Front de Libération Nationale de Guinée« (FLNG) gibt die folgende Darstellung der Ereignisse in Conakry:

Die Entrüstung, die in Afrika und in der Welt auf die Ereignisse in der Republik Guinea entstanden ist, wäre legitim, wenn diese Ereignisse von einer ausländischen Macht, in diesem Fall Portugal, provoziert worden wären. Die vermeintlichen Söldner, von denen Sékou Touré spricht, waren aber nichts anderes als Staatsbürger der Republik Guinea unter den Hunderten von Tausenden, die das barbarische Regime der »Demokratischen Partei Guineas« (der Staatspartei Sékou Tourés) zum Exil gezwungen hat.

Diese Patrioten haben mit eigenen Mitteln die Landung vom 22. November auf die Strände von Conakry vorbereitet, geleitet und durchgeführt. Damit sie in ihr Vaterland zurückkehren können, um somit die Würde von freien Menschen wieder zu erlangen, überläßt ihnen das Regime Sékou Tourés keine andere Wahl als die Mittel des offenen Kampfes und der Gewalt. Der Entschluß unserer Landsleute, ein für allemal mit der stillen oder verbalen Resignation Schluß zu machen und den Kampf gegen die die Menschenrechte verhöhnende Diktatur der »Demokratischen Partei Guineas« und ihren politischen Polizeiapparat zu führen, ergibt sich also nicht aus Abenteuerlust für Gewalttaten, sondern ist Ausdruck einer zwingenden Notwendigkeit. Wir geben uns keiner Illusion hin: Der Kampf wird weder einfach noch schnell verlaufen. Er wird aber bis zum Ende geführt werden, gleichgültig, welchen Preis wir dafür bezahlen müssen.

Die Operation vom 22. November war weder ein Einzelakt noch ein zufälliges Ereignis. Sie ist ein Teil eines Gesamtplans, dessen verschiedene Phasen von uns zu gegebener Zeit und unter gewählten Bedingungen realisiert werden. Inzwischen geben wir der Genugtuung Ausdruck, daß es keine Opfer unter der zivilen Bevölkerung gegeben hat. Die Sympathie dieser Bevölkerung war für unsere Sache eine große Hilfe und zugleich eine Ermutigung für die Kämpfer für die nationale Befreiung. Wir trauern um die Soldaten, die gefallen sind.

Der FLNG, der Conakry mehr als 6 Stunden kontrolliert hat, vermochte 450 politische Gefangene zu befreien. Diese politischen Gefangenen waren unter un-

vorstellbaren Bedingungen im Lager der »Garde Républicaine« von Camayenne eingekerkert. Dieses berüchtigte Lager wurde von uns nach einer Besetzung von drei Nächten und zwei Tagen völlig zerstört. Die politischen Gefangenen, von denen viele durch die Dunkelheit und die Enge der Arrestzellen blind und gehunfähig geworden sind, haben uns mit den Waffen in der Hand beigestanden. Sie waren es auch, die den Foltergeneral Lansana Diané angezeigt haben und verlangten, daß er sofort erschossen wird, was an Ort und Stelle geschah.
Durch die erlangten Ergebnisse ermutigt, erklären die Soldaten des FLNG ihren unerschütterlichen Willen, den Kampf bis zum Sieg weiterzuführen: das heißt die Schaffung eines wirklich demokratischen und nationalen Regimes für die soziale Gerechtigkeit und den Fortschritt. Sie appellieren an die afrikanischen Staaten, damit sie sich nicht durch die theatralische Inszenierung, die Lüge und die machiavellistischen Rechnungen des machthungrigen Diktators beirren lassen. Weder ausländische Truppen noch Geld oder vom Ausland gesandte Waffen werden der durch die katastrophale Leitung der »Demokratischen Partei Guineas« erzeugten sozialen Mißstände und allgemeinen Misere Herr werden. Die in der Welt zerstreuten 700 000 Exilguineaner werden mit der Unterstützung der überwältigenden Mehrheit ihrer Landsleute im Innern Guineas allein, ohne irgendwelche ausländischen Interventionskräfte, die richtige Lösung ihrer Probleme finden.
Vive la République de Guinée Indépendante. Vive la solidarité africaine dans la justice et le progrès.
Le Regroupement des Guinéens in Europe.
Paris, den 1. 12. 1970.

> (Quelle: Perspectives Nouvelles. Organe du Regroupement des Guinéens en Europe. 17 (November-Dezember 1970). Januar 1971, S. 7–9; Übersetzung nach: Neue Zürcher Zeitung, 17. 12. 1970)

18. *Erklärung der »Association des Etudiants guinéens en France« zur Politik Sékou Tourés*

Dieses Regime, das sich als revolutionär versteht, hat nach dreizehn Jahren Herrschaft auf allen Gebieten versagt. Volksverdummung, Demagogie, Verantwortungslosigkeit gegenüber den fundamentalsten Interessen Guineas und Afrikas und die totale Auslieferung an den amerikanischen Imperialismus stellen die entscheidenden Elemente dieses offenkundigen Scheiterns dar. Dieser sichtbare Mißerfolg, die Diktatur und die tägliche Willkür vertiefen jeden Tag den Graben zwischen dem Volk und dem Regime Sékou Tourés.

> (Quelle: Le Monde, 1. 10. 1971)

Reihe Entwicklung und Frieden

Franz Ansprenger
Der Schwarz-Weiß-Konflikt in Afrika
111 S. Snolin. 6,80 DM

Der Kampf um die Zukunft der von weißen Minderheiten beherrschten Länder im südlichen Afrika droht sich zum gefährlichen internationalen Konflikt zu entwickeln. Die hier vorgelegte Studie will über die Hintergründe und Zusammenhänge informieren, Interesse wecken und Diskussionen in der Öffentlichkeit anregen.

Otto Kimminich
Humanitäres Völkerrecht – humanitäre Aktion
Ca. 140 S. Snolin. Ca. 10,80 DM

Das humanitäre Völkerrecht ist auf dem Boden des »klassischen Völkerrechts« entstanden und sollte die Schrecknisse des Krieges, der zu den legitimen Mitteln der Außenpolitik gehörte, mildern. Mit dem Wandel von der Kriegsfreiheit zum Kriegsverbot in unserem Jahrhundert muß auch das Völkerrecht auf eine neue Grundlage gestellt werden.

Der Autor verfolgt das Ziel, einen Beitrag zur zeitgemäßen Fundierung des gesamten humanitären Völkerrechts zu leisten und dadurch den im humanitären Bereich tätigen Organisationen einen angemessenen Rechtsstatus zu sichern.

Chr. Kaiser Verlag · München
Matthias-Grünewald-Verlag · Mainz